RECETTES
FAIT MAISON

60 recettes faciles et gourmandes
pour épater vos amis

FOIE GRAS, TERRINES & CIE

RECETTES FAIT MAISON

60 recettes faciles et gourmandes
pour épater vos amis

FOIE GRAS, TERRINES & CIE

Made by. Made by. Made by. Made by.
THOMAS FELLER
hachette

Photographies : Aline Princet
Stylisme : Christine Marquet

SOMMAIRE

1

2

3

4

5

6

7

8

9

1 
2 
3 
4 
5 

6 
7 
8 
9 
10 

DE LA VIANDE

1 
2 
3 
4 
5 

6 
7 
8 
9 
10 

11

12

13

14

15

16

17

18

19

20

21

DU FOIE GRAS

1

2

3

4

5

6

7

8

9

10

11

12

13

PICKLES, SAUCES, CHUTNEYS & ACCOMPAGNEMENTS

1

2

3

4

5

6

7

8

RECETTES
FAIT MAISON

INTRODUCTION

Il n'y a plus beaucoup de bouchers, voire de charcutiers qui préparent eux-mêmes leurs terrines ou leurs pâtés.

La plupart des produits que vous trouvez dans le commerce (petit ou grand) sont bien souvent réalisés dans de grands ateliers ou des usines de charcuteries. Ce n'est pas nécessairement mauvais mais je trouve que, souvent, cela n'a que très peu de goût par rapport à ce que l'on peut faire à la maison.

Je ne sais pas comment nous en sommes arrivés là, car faire des terrines, des rillettes ou des pâtés n'a rien d'extraordinaire ou de compliqué. La plupart du temps, ce n'est même pas long à préparer. Le foie gras, évidemment, est plus délicat, mais il reste à la portée de tous.

J'en entends déjà qui vont me dirent qu'ils n'ont pas de couteaux adéquats, de plats ou que sais-je encore ? Que c'est difficile, etc.

Mais non, il suffit de mixer ou de hacher des ingrédients. Pas besoin d'être un samouraï de la cuisine !

Si vous suivez les recettes en respectant les temps
et les températures de cuisson, vous allez vous rendre
compte comme il est facile de réaliser ces mets.

Telle est mon idée en réalisant ce livre, je vous propose
de nombreuses recettes faciles que tout le monde peut réussir.

Les terrines, qu'elles soient de viandes, de légumes ou de poissons,
sont des plats conviviaux que l'on partage et que l'on aime ensemble.
Dès lors, pourquoi ne pas essayer aussi de réaliser soi-même
des aigres-doux, des accompagnements ou du pain maison ?
Vous trouverez aussi, à la fin de cet ouvrage, un certain nombre
de ces recettes qui viendront sublimer vos préparations.

J'aimerais être à votre place et découvrir ces recettes
et leur facilité pour la première fois. J'aimerais être à votre place
et voir l'émerveillement de vos convives quand vous allez leur faire
déguster la meilleure terrine qu'ils n'ont jamais dégustée.
J'aimerais être à votre place lorsque vos invités, en dégustant
vos rillettes maison, vont se rendre compte qu'ils n'en avaient
jamais dégusté avant les vôtres.

Voilà ce qui m'est arrivé et qui, j'espère, vous arrivera.

UN PETIT POINT SUR LE MATÉRIEL

Vous n'avez pas besoin de beaucoup de matériel spécifique pour préparer des terrines. Des moules à terrine ou à gâteau peuvent faire l'affaire pour la cuisson. Un hachoir à mains est utile car, lorsque l'on passe la viande dans les robots, cela fait une farce trop fine. Il reste souvent de la viande dans les hachoirs que la vis sans fin n'arrive pas à évacuer. Pour ce faire, ajoutez à la fin un morceau de pain sec qui poussera vers la grille les derniers morceaux de viande. Lorsque le pain arrive à la grille, arrêtez alors de hacher.

L'autre ustensile qu'il serait utile de posséder serait une balance électronique. Pourquoi ? Parce qu'il faut saler et poivrer à la perfection vos recettes avant de les cuire, et je dois vous avouer que goûter une terrine crue n'est pas une expérience des plus appétissantes.

Enfin, un thermomètre vous permettra de vérifier la cuisson à cœur, ce qui encore une fois est plus pratique et plus sûr que les autres méthodes, surtout en ce qui concerne les tourtes et les pâtés en croûte.

PAS À PAS

PRÉPARER UN FOIE GRAS CRU

1. Faites tremper les foies dans de l'eau à 37 °C pendant 30 min. Égouttez-les puis séparez délicatement les lobes.

2. Commencez par le gros lobe à la pointe où se trouvait le petit lobe. Il faut retirer 2 veines. L'une se trouve à la pointe et l'autre au centre où était accroché le petit lobe.

3. Posez le gros lobe à plat sur une planche à découper et coupez-le en deux dans l'épaisseur. Vous verrez alors sur chaque face un petit réseau de fils rouges, ce sont les veines à retirer. À l'aide de la pointe d'un couteau ou d'un économe, commencez par attraper la veine du bout du lobe et tirez-la délicatement vers l'autre bout.

4. Vous devez retirer un long fil. Toujours en vous aidant de la pointe d'un couteau ou d'un économe, retirez tous les petits fils rouges qui restent sur votre foie.

5. Recommencez cette même opération sur l'autre moitié du gros lobe.

6. Préparez maintenant le petit lobe. Ouvrez-le partiellement en portefeuille afin de visualiser le réseau veineux. Il y en a deux qui se superposent. Tirez-les délicatement l'un après l'autre, comme vous l'avez fait pour le gros lobe.

7. Votre foie gras est maintenant prêt à être assaisonné et cuit.

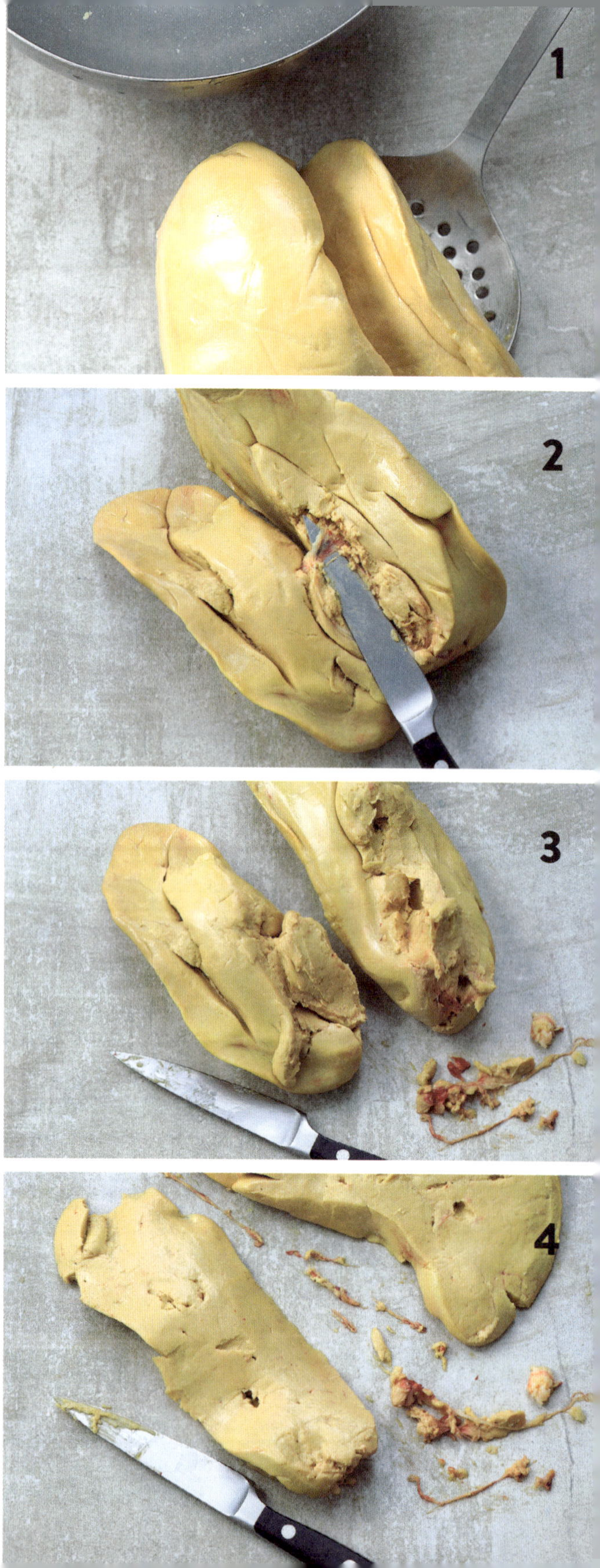

PRÉPARER UN FOIE DE VOLAILLE

1. La préparation d'un foie de volaille est identique au foie gras. Il faut séparer délicatement les 2 lobes afin de faire apparaître le réseau veineux.

2. En vous aidant de la pointe d'un couteau, tenez les veines et passez la lame dessus afin de les détacher des lobes. Faites-le pour les deux lobes.

3. S'il y a des traces vertes, il s'agit de fiel qu'il convient aussi de retirer.

1

2

3

4

LA PÂTE BRISÉE POUR LES PÂTÉS EN CROÛTE

500 GR | **PRÉPARATION 30 min** | **REPOS 2 h**

INGRÉDIENTS

250 g de farine à pâtisserie T45 • 170 g de beurre doux • 7,5 cl de lait frais entier • 5 g de sel

1. Dans un saladier, rassemblez le sel, la farine et le beurre coupé en petits morceaux.

2. Mélangez du bout des doigts jusqu'à ce que vous obteniez un sable jaune homogène. Ajoutez alors le lait et liez rapidement la pâte sans trop la pétrir.

3. Enroulez dans du papier film et laissez reposer au réfrigérateur pendant 2 h minimum voire une nuit si vous avez le temps.

LA PÂTE FEUILLETÉE RAPIDE POUR LES TOURTES

500 GR | **PRÉPARATION 30 min** | **REPOS 1 h 20**

INGRÉDIENTS

300 g de farine à pâtisserie T45 • 225 g de beurre très froid • 1 cuil. à café de sel

1. Dans un saladier, mélangez le sel, la farine et 15 cl d'eau. Quand la pâte est agglomérée, ajoutez le beurre en morceaux.

2. Étalez à l'aide d'un rouleau la pâte en un rectangle 4 fois plus long que large. Pliez en portefeuille et faites pivoter la pâte d'un quart de tour, puis recommencez cette opération une fois. Couvrez de film plastique et laissez reposer pendant 20 min au réfrigérateur.

3. Répétez cette même opération 2 fois (deux fois deux tours) en laissant à chaque fois reposer pendant 20 min entre les tours. Laissez à nouveau reposer pendant 20 min avant d'utiliser la pâte (au minimum mais, comme pour la pâte brisée, le mieux serait d'attendre le lendemain).

1

2

3

4

1
2
3
4

HACHER LA VIANDE

Si vous ne possédez pas de hachoir, vous pouvez vous-même hacher votre viande la main. Évidemment, cela n'est possible que pour de petites quantités.

1. Prenez le morceau de viande et découpez-le en fines tranches. Superposez les tranches et découpez-les en fins bâtonnets. Maintenant, découpez les bâtonnets en tout petits carrés.

2. Sur une grande planche à découper, mettez la viande au centre, puis prenez un couteau éminceur de la main droite (si vous êtes droitier) et placez la lame au centre de la viande.

3. À l'aide de votre main gauche, couvrez la pointe du couteau en posant votre paume dessus, de façon à garder la lame droite et vers le bas.

4. Donnez ensuite des coups de couteau de haut en bas sur toute la viande avec votre main droite afin de hacher finement la viande.

1

2

3

4

RÉALISER UNE GELÉE MAISON

2 LITRES | **PRÉPARATION** 20 min | **CUISSON** 3 h | **REPOS** 12 h

INGRÉDIENTS

2 jarrets ou pieds de veau coupés en deux • 750 g de gîtes de bœuf • 1 blanc de poireau • 1 branche de céleri • 2 carottes épluchées • 2 gousses d'ail épluchées • 1 bouquet garni • 1 oignon piqué de clous de girofle • Sel, poivre

1. Dans une grande casserole ou une grande cocotte, mettez la viande et couvrez de 3 litres d'eau et d'1 cuil. à soupe de sel. Portez à ébullition et écumez.

2. Ajoutez alors les légumes, le bouquet garni et du poivre. Laissez cuire à petit bouillon pendant 3 h.

3. Passez le liquide au travers d'une étamine et disposez le bouillon dans de petits récipients individuels. Réservez au réfrigérateur durant 1 nuit.

4. Le lendemain, retirez la fine couche de graisse figée sur la gelée. Cette dernière est prête à l'emploi. Vous pouvez la garder facilement pendant 10 jours au réfrigérateur ou des mois au congélateur. Avant de l'utiliser, portez-la d'abord à ébullition.

VARIANTE

Vous pouvez aussi préparer cette gelée avec du porc en remplaçant les pieds de veau par des pieds de porc et le gîte de bœuf par 1 kg de couenne et d'os de porc.

DES RECETTES AVEC DES LÉGUMES

PAIN DE COURGETTES À LA MENTHE & AU BASILIC

6 à 8 | **PRÉPARATION** 20 min | **CUISSON** 50 min | **REPOS** 6 h

INGRÉDIENTS

1 kg de courgettes • ½ botte de menthe • ½ botte de basilic • 6 œufs extra frais • 25 cl de lait frais entier • 25 cl de crème liquide entière • 200 g de fromage frais de chèvre type Petit Billy • Muscade en poudre • 4 cuil. à soupe d'huile d'olive • Sel, poivre

1. Éboutez les courgettes et coupez-les en deux dans le sens de la longueur. À l'aide d'une petite cuillère, retirez les graines du centre des légumes et émincez-les en tranches de 3 à 4 mm d'épaisseur.

2. Dans une grande poêle, faites revenir les courgettes dans l'huile d'olive chaude à feu moyen en les tournant souvent et assaisonnez. Lorsque la chair a un aspect translucide, les courgettes sont cuites. Disposez-les dans un tamis et laissez-les s'égoutter.

3. En même temps, effeuillez et hachez les herbes. Battez dans un saladier les œufs en omelette avec le lait, la crème, du sel, du poivre et de la muscade. Ajoutez le fromage et homogénéisez.

4. Dans un moule à cake ou à gâteau antiadhésif ou en silicone, disposez les courgettes, puis couvrez avec la crème aux œufs.

5. Disposez dans un bain-marie d'eau bouillante et faites cuire pendant 40 min à 170 °C (th. 5-6). La pointe d'un couteau que vous enfoncez au cœur du pain de courgettes doit ressortir humide mais propre.

6. Sortez la terrine du four et réservez au réfrigérateur pendant 6 h. Démoulez et servez.

CONSEIL

Servez ce pain de courgettes avec un coulis de tomates et une bonne salade. Vous pouvez aussi remplacer le fromage de chèvre par un fromage bleu crémeux.

TOMATES CONFITES & MOZZARELLA COMME UNE TERRINE

6 à 8 | **PRÉPARATION** 30 min | **CUISSON** 2 h | **REPOS** 1 nuit

INGRÉDIENTS

1,5 kg de tomates charnues type cornue des Andes • 300 g de mozzarella de bufflonne • 2 pincées de cassonade • 2 pincées d'origan • 6 cuil. à soupe d'huile d'olive • Sel, poivre

1. Égouttez la mozzarella. Retirez le pédoncule des tomates et incisez-les en croix à la base.

2. Portez de l'eau à ébullition et plongez-y les tomates pendant 30 s. Mettez-les ensuite dans un saladier d'eau froide et épluchez-les. Coupez-les en quartiers et retirez les graines.

3. Sur une plaque allant au four et garnie de papier sulfurisé, mettez les pétales de tomates. Arrosez d'huile d'olive, de sel, de poivre, de sucre et d'origan. Enfournez pour 2 h à 100 °C (th. 3-4) en ouvrant souvent le four afin que l'humidité s'en échappe. Laissez refroidir à température ambiante.

4. Chemisez un moule à terrine de papier film. Coupez la mozzarella en fines tranches et assaisonnez-la.

5. Mettez dans le fond du moule une couche de pétales de tomates confites, de la mozzarella, et répétez le même ordre pour obtenir 4 couches de tomates pour 3 de mozzarella.

6. Couvrez la terrine d'un carton et posez par-dessus un poids afin de bien la tasser. Réservez au réfrigérateur pendant 1 nuit.

7. Le lendemain, démoulez délicatement et découpez des tranches généreuses.

CONSEIL

Servez cette recette avec une vinaigrette huile d'olive, crème de balsamique et basilic. Par ailleurs, vous pouvez aussi chemiser le moule avec du jambon de Parme plutôt que du papier film.

TERRINE DE CAROTTES AUX HERBES FRAÎCHES

6 à 8 | **PRÉPARATION 20 min** | **CUISSON 50 min**

MATÉRIEL

Presse-purée ou moulin à légumes

INGRÉDIENTS

1 kg de carottes • 3 bouillons cubes de volaille • ½ botte d'estragon • ½ botte de cerfeuil • ½ botte de ciboulette • 5 œufs extra frais • 15 cl de crème fraîche • 50 g de comté • Sel, poivre

1. Éboutez et épluchez les carottes, puis émincez-les. Dans une casserole, mettez les carottes, les bouillons cubes et couvrez à peine d'eau. Portez l'eau à ébullition et faites cuire à feu moyen jusqu'à ce qu'il n'y ait plus du tout de liquide. Écrasez les carottes avec un presse-purée ou un moulin à légumes muni de la grille moyenne.

2. Effeuillez et hachez grossièrement l'estragon et le cerfeuil. Émincez finement la ciboulette. Battez les œufs en omelette avec les herbes, le sel, le poivre et la crème.

3. Dans un grand saladier, râpez le fromage et ajoutez les carottes et les œufs. Versez le tout dans un grand moule à terrine ou à gâteau graissé.

4. Disposez dans un bain-marie d'eau bouillante et faites cuire 40 min à 170 °C (th. 5-6). La pointe d'un couteau que vous enfoncez au cœur de la terrine doit ressortir humide mais propre.

VARIANTES

En ce qui concerne les herbes, vous pouvez choisir celles que vous préférez : basilic, aneth, persil… Pour le fromage, si vous désirez corser le goût de la terrine, choisissez un fromage de chèvre bien sec.

TERRINE D'AUBERGINE À LA CORIANDRE

6 à 8 | **PRÉPARATION** 20 min | **CUISSON** 1 h 45 | **REPOS** 1 h

INGRÉDIENTS

1 kg d'aubergines • 2 gousses d'ail • 1 botte de coriandre fraîche • 4 œufs • 4 cuil. à soupe d'huile d'olive • Sel, poivre

1. Retirez le pédoncule des aubergines et pelez-les en essayant de conserver de longues bandes de peau. Coupez la chair en gros cubes et pelez l'ail.

2. Dans un plat à gratin, mettez les aubergines, l'ail, du sel, du poivre et arrosez d'huile d'olive. Enfournez pour 1 h à 160 °C (th. 5-6).

3. Lorsque la chair des aubergines a complètement fondu, sortez-la du four et disposez-la dans un tamis durant 1 h. Effeuillez la coriandre.

4. Au centre d'une planche à découper, rassemblez la chair des aubergines et hachez-la. Dans un saladier, mélangez-la avec les œufs et la coriandre. Vérifiez l'assaisonnement.

5. Huilez un moule à cake et tapissez-le de la peau des aubergines. Versez la purée d'aubergines, puis rabattez les bandes et enfournez dans un bain-marie d'eau bouillante pour 45 min de cuisson à 170 °C (th. 5-6). La pointe d'un couteau plantée au centre doit ressortir propre. Laissez refroidir avant de démouler et servez froid.

CONSEILS

Si vous avez au fond du placard du sésame, du zaatar ou du tahiné (de la pâte de sésame), n'hésitez pas à en ajouter une cuillerée à soupe dans votre terrine avant la cuisson.

TERRINE TOUTE VERTE

6 à 8 | PRÉPARATION 20 min | CUISSON 40 min | REPOS 6 h

INGRÉDIENTS

500 g d'épinards surgelés en branches • 1 botte de cerfeuil • 1 botte d'estragon • 1 botte de ciboulette • 5 œufs • 10 cl de crème liquide • 2 cuil. à soupe d'huile d'olive • Sel, poivre

1. Faites décongeler les épinards et pressez-les afin de retirer l'excédent d'eau. Effeuillez le cerfeuil, l'estragon et émincez finement la ciboulette.

2. Dans une casserole, faites fondre pendant 10 min les épinards avec du sel et du poivre. Battez les œufs en omelette avec la crème, du sel et du poivre.

3. Dans un grand saladier, mélangez les herbes avec les épinards et les œufs. Versez le tout dans une terrine bien graissée ou antiadhésive. Faites cuire pendant 30 min au bain-marie d'eau bouillante. Il faut que la pointe d'un couteau que vous enfoncez à cœur ressorte humide mais propre.

4. Laissez refroidir la terrine pendant 6 h au réfrigérateur avant de démouler et de déguster.

CONSEIL

Servez cette terrine saupoudrée de pignons de pin grillés ou d'amandes effilées grillées, le tout accompagné d'une salade de concombre au yaourt façon tzatziki et d'une salade de verte.

TERRINE DE LÉGUMES GRILLÉS

6 à 8 | **PRÉPARATION 30 min** | **CUISSON 20 min** | **REPOS 6 h**

INGRÉDIENTS

200 g de poivrons grillés à l'huile en conserve • 3 courgettes • 3 aubergines • 2 boules de mozzarella • 1 petite botte de basilic • Sel, poivre

1. Égouttez les poivrons et conservez l'huile. Éboutez les courgettes et les aubergines. Coupez-les en fines tranches dans le sens de la longueur.

2. Dans une grande poêle, faites chauffer un peu d'huile des poivrons et faites griller à feu moyen les tranches d'aubergines et de courgettes. Salez, poivrez et laissez refroidir dans un grand plat. Coupez la mozzarella en fines tranches et ciselez le basilic.

3. Tapissez un moule à cake de papier film. Disposez, en les superposant légèrement, les tranches d'aubergines de façon perpendiculaire au plat. Il faut qu'elles dépassent largement du plat.

4. Ensuite, mettez les courgettes dans le sens du plat en les taillant pour qu'elles rentrent juste dans la longueur. Ajoutez de la mozzarella, du basilic, du poivron, de l'aubergine, des courgettes... jusqu'à l'épuisement des ingrédients.

5. Recouvrez la terrine des tranches d'aubergines qui dépassent du plat et laissez refroidir pendant 6 h.

6. Démoulez délicatement avant de couper en tranches et de servir.

VARIANTE

Vous pouvez remplacer la mozzarella par du fromage de chèvre frais ou de très fines tranches de feta.

TERRINE DE LÉGUMES CONFITS

6 à 8 | **PRÉPARATION 20 min** | **CUISSON 1 h 15** | **REPOS 6 h**

INGRÉDIENTS

4 tomates de type cornue des Andes • 1 pincée de sucre • 1 pincée de fleur de thym • 2 cuil. à soupe de vinaigre balsamique • 2 courgettes vertes • 2 courgettes jaunes • 2 poivrons verts • 2 poivrons rouges • 10 cl d'huile d'olive • Sel, poivre

1. Ébouillantez les tomates pendant 1 min avant de les éplucher. Coupez-les en quartiers et retirez les graines. Disposez les tomates sur une plaque à pâtisserie garnie de papier sulfurisé. Saupoudrez de sucre, de thym, de vinaigre balsamique, de sel et de poivre. Enfournez pour 1 h à 100 °C (th. 3-4) en ouvrant souvent la porte du four afin d'évacuer l'humidité.

2. Pendant ce temps, éboutez les courgettes et coupez-les en fines tranches. Coupez les poivrons en quatre, retirez les graines, les pédoncules et les membranes blanches. Émincez-les finement.

3. Dans une poêle, faites cuire doucement les tranches de courgettes jusqu'à ce qu'elles deviennent translucides. Dans une grande casserole, faites fondre doucement les poivrons avec de l'huile, du sel et du poivre. Quand ils sont moelleux, coupez le feu.

4. Tapissez un moule à cake de papier film. Disposez, en les superposant légèrement, les tranches de courgettes de façon perpendiculaire au plat. Il faut qu'elles dépassent largement du plat. Ajoutez une couche de tomates, de poivrons, de courgettes, puis recommencez jusqu'à l'épuisement des ingrédients.

5. Recouvrez la terrine des tranches de courgettes qui dépassent du plat et laissez refroidir pendant 6 h.

6. Démoulez délicatement avant de couper en tranches et de servir.

CONSEIL

Servez cette terrine avec de la salade pour les végétariens ou accompagnez-la de charcuterie pour une version carnivore.

RATATOUILLE EN TERRINE

6 à 8 | **PRÉPARATION** 20 min | **CUISSON** 2 h | **REPOS** 6 h

INGRÉDIENTS

3 tomates de type cœur-de-bœuf ou cornue des Andes • 2 poivrons rouges • 2 courgettes vertes • 2 aubergines • 2 gousses d'ail • 2 oignons jaunes • 1 botte de cerfeuil • 1 dose de safran en poudre • 6 œufs extra frais • 6 cuil. à soupe d'huile d'olive • Sel, poivre

1. Ébouillantez les tomates pendant 1 min avant de les éplucher. Coupez-les en quartiers et retirez les graines. Hachez finement la chair.

2. Retirez le pédoncule des poivrons rouges. Coupez-les en deux afin de retirer les graines et les membranes blanches. Émincez-les finement puis coupez-les en petits dés. Éboutez les courgettes et les aubergines et taillez-les aussi en petits dés. Épluchez et hachez l'ail et l'oignon. Effeuillez le cerfeuil.

3. Dans une grande cocotte, faites revenir dans l'huile chaude les poivrons, l'ail et l'oignon durant 10 à 15 min. Ajoutez alors les courgettes et les aubergines. Laissez cuire doucement pendant 10 à 15 min. Versez alors les tomates, salez, poivrez et couvrez. Laissez cuire à nouveau doucement pendant 30 min et à couvert.

4. Retirez le couvercle et laissez confire pendant 30 min. Coupez le feu, vérifiez l'assaisonnement et ajoutez le safran.

5. Lorsque la ratatouille est tiède, ajoutez les œufs battus en omelette et le cerfeuil.

6. Tapissez un moule de papier sulfurisé et versez-y la ratatouille. Enfournez pour 30 min à 180 °C (th. 6) dans un bain-marie d'eau bouillante. Il faut que la pointe d'un couteau que vous enfoncez à cœur ressorte humide mais propre.

7. Laissez refroidir votre terrine pendant 6 h au réfrigérateur avant de démouler et de déguster.

CONSEILS

Vous pouvez ajouter dans votre terrine de petits morceaux de fromage de chèvre sec dans la terrine. Accompagnez le tout d'une salade de roquette.

TERRINE DE CHÈVRE & FIGUES

6 à 8 | **PRÉPARATION** 20 min | **CUISSON** 10 min | **REPOS** 4 h

INGRÉDIENTS

1 botte de ciboulette • 200 g de mascarpone • 200 g de fromage de chèvre frais type Petit Billy • 100 g de figues séchées • 15 cl de vinaigre balsamique de qualité • Poivre du moulin

1. Émincez le plus finement possible la ciboulette. Dans un saladier, fouettez ensemble le mascarpone, le fromage, le poivre et la ciboulette jusqu'à ce que vous obteniez un mélange homogène.

2. Tapissez un petit moule à cake de papier film et versez-y le fromage. Lissez le dessus et réservez au réfrigérateur pendant 4 h.

3. Dans une petite casserole, versez le vinaigre et faites-le réduire aux deux tiers de façon à obtenir un sirop épais. Coupez les figues en petits dés de 0,5 cm de côté et mélangez-les au vinaigre balsamique.

4. Au moment de servir, démoulez délicatement la terrine et couvrez du balsamique aux figues. Servez aussitôt.

VARIANTES

Vous pouvez remplacer les figues séchées par des fraîches bien mûres, mais ajoutez-les alors à la dernière minute dans le vinaigre, de façon à ce qu'elles ne perdent pas d'eau afin de conserver un balsamique épais. Vous pouvez aussi remplacer les figues séchées par des tomates confites.

DES PRODUITS DE LA MER

TERRINE DE SAUMON & GAMBAS

6 à 8 | PRÉPARATION 30 min | CUISSON 30 min | REPOS 6 h

INGRÉDIENTS

Une dizaine de gambas crues et décortiquées • 1 poignée d'épinards • 600 g de saumon frais • 2 œufs • 15 cl de crème liquide • 5 pincées de sel • 12 tours de moulin à poivre

1. Incisez le dos des gambas afin de retirer le boyau noir. Retirez la tige des épinards et plongez les feuilles pendant 30 s dans de l'eau bouillante salée.

2. Assurez-vous que le saumon n'a pas d'arêtes ou de peau et coupez-le en gros morceaux.

3. Dans le bol d'un mixeur, mettez le poisson, du sel et du poivre. Actionnez le robot jusqu'à ce que vous obteniez une farce fine. Ajoutez alors les œufs et homogénéisez à nouveau. Tout en laissant tourner le robot, ajoutez la crème.

4. Enroulez les gambas dans des feuilles d'épinards.

5. Tapissez un moule à cake de papier sulfurisé et versez la moitié de la farce. Placez au centre et sur toute la longueur les gambas et couvrez du reste de farce. Lissez et enfournez à 180 °C (th. 6) pendant 30 min dans un bain-marie d'eau bouillante.

6. Sortez la terrine du four, plantez la pointe d'un couteau au centre, elle doit ressortir humide mais propre. Réservez au réfrigérateur pendant 6 h avant de servir.

CONSEILS

Servez cette terrine avec une salade de jeunes pousses d'épinards.
Vous pouvez ajouter dans la farce de la coriandre, de la ciboulette ou de l'estragon.

TERRINE DE LANGOUSTINES

6 à 8 | **PRÉPARATION 30 min** | **CUISSON 30 min** | **REPOS 6 h**

INGRÉDIENTS

Une douzaine de langoustines décortiquées • 500 g de filets de merlan ou de sole • 3 blancs d'œufs • 20 cl de crème entière liquide • ½ botte de persil plat • 2 cuil. à soupe d'huile d'olive • 5 pincées de sel • 10 tours du moulin à poivre

1. Effeuillez et hachez finement le persil. Incisez le dos des langoustines afin de retirer le boyau noir. Piquez-les sur un cure-dent et faites-les revenir à feu moyen à la poêle avec l'huile d'olive, du sel et du poivre.

2. Dans le bol d'un mixeur, mettez le poisson, du sel et du poivre. Actionnez le robot jusqu'à ce que vous obteniez une farce fine. Ajoutez alors les blancs d'œufs et homogénéisez à nouveau. Tout en laissant tourner le robot, ajoutez la crème. Terminez par le persil et laissez tourner jusqu'à ce que vous obteniez une farce bien verte.

3. Tapissez un moule à cake de papier sulfurisé et versez la moitié de la farce. Placez au centre et sur toute la longueur les langoustines et couvrez du reste de farce. Lissez et enfournez à 180 °C (th. 6) pendant 30 min dans un bain-marie d'eau bouillante.

4. Sortez la terrine du four, plantez la pointe d'un couteau au centre, elle doit ressortir humide mais propre. Réservez au réfrigérateur pendant 6 h avant de servir.

CONSEIL

La farce de poisson doit toujours rester très froide. Utilisez donc de la crème très froide, des œufs très froids et un mixeur que vous aurez mis au congélateur 2 h auparavant.

MOUSSELINE DE POISSON

6 | PRÉPARATION 20 min | CUISSON 30 min | REPOS 6 h

INGRÉDIENTS

1 kg de filets de sole • 2 œufs entiers • 40 cl de crème liquide entière • 1 pincée de safran en poudre • 6 pincées de sel • 10 tours de moulin à poivre

1. Dans le bol d'un mixeur, mettez le poisson, du sel et du poivre. Actionnez le robot jusqu'à ce que vous obteniez une farce fine.

2. Ajoutez alors les œufs et homogénéisez à nouveau. Tout en laissant tourner le robot, ajoutez la crème. Terminez par le safran.

3. Tapissez un moule à cake de papier sulfurisé et versez la farce. Lissez et enfournez à 180 °C (th. 6) pendant 30 min dans un bain-marie d'eau bouillante.

4. Sortez la terrine du four, plantez la pointe d'un couteau au centre, elle doit ressortir humide mais propre. Réservez au réfrigérateur pendant 6 h avant de servir.

CONSEILS

C'est une recette d'une grande simplicité où vous pouvez ajouter des herbes au lieu du safran, des légumes cuits, confits, des pignons de pin grillés, du zeste de citron... Sachez par ailleurs que l'on trouve dans les magasins de produits surgelés des filets de sole très bon marché.

PAIN DE POISSON

6 à 8 | **PRÉPARATION 30 min** | **CUISSON 40 min** | **REPOS 6 h**

INGRÉDIENTS

150 g de pain rassis type pain Poilâne • 15 cl de lait frais • 1 botte de cerfeuil • 1 échalote • 1 kg de poissons (merlu, lieu noir, colin...) • 4 cubes de court-bouillon • 5 œufs • Sel, poivre

1. Cassez le pain en morceaux et mettez-le dans un bol avec le lait. Effeuillez le cerfeuil. Épluchez et hachez l'échalote.

2. Vérifiez que le poisson n'a plus ni arêtes ni peau et faites-le cuire dans de l'eau frémissante additionnée des cubes de court-bouillon pendant 10 min.

3. Égouttez le poisson et le pain puis hachez le tout au couteau afin d'obtenir une farce fine. Battez les œufs en omelette avec le cerfeuil, l'échalote, du sel et du poivre, et mélangez le tout avec le poisson haché.

4. Tapissez un moule à cake de papier sulfurisé et versez la farce. Lissez et enfournez pour 30 min à 180 °C (th. 6) dans un bain-marie d'eau bouillante.

5. Sortez la terrine du four, plantez la pointe d'un couteau au centre, elle doit ressortir humide mais propre. Réservez au réfrigérateur pendant 6 h avant de servir.

CONSEIL

C'est une recette populaire où il convient d'utiliser des poissons peu onéreux. Vous pouvez aussi ajouter de petits morceaux de tomates ou de courgettes sautées. C'est un peu la terrine de poisson dans laquelle on utilise les restes. C'est néanmoins, soyez-en sûr, un vrai délice avec une mayonnaise maison.

MOUSSELINE AUX DEUX SAUMONS

6 à 8 | **PRÉPARATION 30 min** | **CUISSON 30 min** | **REPOS 6 h**

INGRÉDIENTS

150 g d'un très bon saumon fumé • 1 botte d'aneth • 500 g de saumon frais • ½ citron vert • 1 œuf • 10 cl de crème liquide • 5 pincées de sel • 12 tours de moulin à poivre

1. Effeuillez l'aneth et saupoudrez-en généreusement le saumon fumé.

2. Assurez-vous que le saumon frais n'a pas d'arêtes ou de peau et coupez-le en gros morceaux.

3. Dans le bol d'un mixeur, mettez le poisson frais, le jus du citron, du sel et du poivre. Actionnez le robot jusqu'à ce que vous obteniez une farce fine. Ajoutez alors l'œuf et homogénéisez à nouveau. Tout en laissant tourner le robot, ajoutez la crème.

4. Tapissez un moule à cake de papier sulfurisé et versez la moitié de la farce. Placez au centre et sur toute la longueur le saumon fumé à l'aneth et couvrez du reste de farce. Lissez et enfournez pour 30 min à 180 °C (th. 6) dans un bain-marie d'eau bouillante.

5. Sortez la terrine du four, plantez la pointe d'un couteau au centre, elle doit ressortir humide mais propre. Réservez au réfrigérateur pendant 6 h avant de servir.

CONSEIL

Servez avec cette recette un yaourt à la grecque dans lequel vous ajouterez une cuillerée à café de raifort râpé, du sel, du poivre et une cuillerée à soupe d'aneth haché.

TERRINE DE RAIE À LA BASQUE

6 à 8 | PRÉPARATION 30 min | CUISSON 20 min | REPOS 6 h

INGRÉDIENTS

1 kg d'ailes de raie pelées • 2 cubes de court-bouillon • 10 cl de vin blanc • 200 g de poivrons rouges et jaunes grillés à l'huile d'olive en conserve • 2 feuilles de gélatine • Piment d'Espelette • Sel

1. Dans une grande casserole, portez à ébullition 50 cl d'eau avec les cubes de bouillon, le vin, du sel et le piment d'Espelette.

2. Plongez-y l'aile de raie et laissez cuire à petit bouillon pendant 10 min. Éteignez le feu et laissez tiédir le poisson, il faut que le liquide affleure au-dessus du poisson.

3. Égouttez les poivrons et mettez les feuilles de gélatine à ramollir.

4. Sortez l'aile de raie de l'eau et retirez la chair se trouvant autour des cartilages. Aidez-vous de la lame d'un couteau et retirez aussi la peau.

5. Faites réduire d'un tiers le liquide de cuisson du poisson. Coupez le feu et ajoutez les feuilles de gélatine égouttées.

6. Tapissez un moule à cake de papier film et mettez une première couche de poivrons, ajoutez du poisson, et renouvelez l'alternance jusqu'à l'épuisement des ingrédients.

7. Versez le bouillon délicatement. Laissez reposer pendant 6 h au frais avant de démouler délicatement et de servir.

CONSEIL

Servez avec cette terrine une sauce tomate réalisée avec beaucoup de poivrons et du persil plat. Pour cela, faites revenir 4 poivrons rouges émincés dans de l'huile d'olive. Ajoutez 4 tomates épluchées et hachées, du piment d'Espelette et du sel. Laissez cuire doucement pendant 30 min. Toute l'eau de végétation des tomates doit disparaître. Mixez longuement la sauce et passez-la au tamis afin de retirer les petits morceaux de peau des poivrons.

TERRINE DE SOLE & SAINT-JACQUES

6 à 8

PRÉPARATION 20 min | **CUISSON** 30 min | **REPOS** 6 h

INGRÉDIENTS

400 g de noix de saint-jacques • 400 g de filets de sole • 1 botte de ciboulette • 2 œufs • 40 cl de crème liquide entière • 6 pincées de sel • 10 tours du moulin à poivre

1. Épongez les noix de saint-jacques et divisez-les en deux. Émincez finement la ciboulette et roulez la moitié des saint-jacques dedans.

2. Dans le bol d'un mixeur, mettez le poisson, les noix sans ciboulette, du sel et du poivre. Actionnez le robot jusqu'à ce que vous obteniez une farce fine.

3. Ajoutez alors les œufs et homogénéisez à nouveau. Tout en laissant tourner le robot, ajoutez la crème.

4. Tapissez un moule à cake de papier sulfurisé et versez la moitié de la farce. Ajoutez une ligne de noix à la ciboulette au centre et couvrez du reste de farce.

5. Lissez et enfournez pour 30 min à 180 °C (th. 6) dans un bain-marie d'eau bouillante.

6. Sortez la terrine du four, plantez la pointe d'un couteau au centre, elle doit ressortir humide mais propre. Réservez au réfrigérateur pendant 6 h avant de servir.

CONSEIL

Servez avec cette terrine une sauce mousseline au citron. Pour ce faire, réalisez une mayonnaise. Dans un saladier, fouettez un jaune d'œuf avec 1 cuil. à café de moutarde puis versez en un très mince filet sans cesser de fouetter 15 cl d'huile végétale type tournesol ou colza jusqu'à ce que votre mayonnaise soit bien prise. Ajoutez le jus d'un demi-citron jaune, du sel, du poivre. En même temps, montez le blanc en neige et ajoutez-le à la mayonnaise. Réservez 2 h au frais avant de servir.

TERRINE DE TRUITE

6 à 8 | **PRÉPARATION** 20 min | **CUISSON** 30 min | **REPOS** 6 h |

INGRÉDIENTS

600 g de filet de truite • 1 botte de cerfeuil • 3 œufs entiers • 20 cl de crème liquide entière • 1 pot de 100 g d'œuf de truite • 5 pincées de sel • 10 tours du moulin à poivre

1. Effeuillez le cerfeuil.

2. Dans le bol d'un mixeur, mettez le poisson, du sel et du poivre. Actionnez le robot jusqu'à ce que vous obteniez une farce fine.

3. Ajoutez alors les œufs et homogénéisez à nouveau. Tout en laissant tourner le robot, ajoutez la crème. Terminez par le cerfeuil.

4. Tapissez un moule à cake de papier sulfurisé et versez la moitié de la farce. Ajoutez les œufs de truite sur toute la surface et couvrez du reste de farce.

5. Lissez et enfournez pour 30 min à 180 °C (th. 6) dans un bain-marie d'eau bouillante.

6. Sortez la terrine du four, plantez la pointe d'un couteau au centre, elle doit ressortir humide mais propre. Réservez au réfrigérateur pendant 6 h avant de servir.

CONSEIL

Vous pouvez remplacer les œufs de truite par des crevettes roses décortiquées que vous placerez au milieu de la terrine.

TERRINE DE LOTTE ET ROUGET

6 à 8 | **PRÉPARATION 20 min** | **CUISSON 30 min** | **REPOS 6 h**

INGRÉDIENTS

600 g de queue de lotte crue • 2 blancs d'œufs • 25 cl de crème liquide entière • 300 g de filets de rougets sans arêtes • 5 pincées de sel • 10 tours du moulin à poivre

1. Dans le bol d'un mixeur, mettez la lotte, du sel et du poivre. Actionnez le robot jusqu'à ce que vous obteniez une farce fine.

2. Ajoutez alors les œufs et homogénéisez à nouveau. Tout en laissant tourner le robot, ajoutez la crème.

3. Tapissez un moule à cake de papier sulfurisé et versez la moitié de la farce. Ajoutez les filets de rougets sur toute la surface et recouvrez du reste de farce.

4. Lissez et enfournez pour 30 min à 180 °C (th. 6) dans un bain-marie d'eau bouillante.

5. Sortez la terrine du four, plantez la pointe d'un couteau au centre, elle doit ressortir humide mais propre. Réservez au réfrigérateur pendant 6 h avant de servir.

CONSEIL

Si vous vous sentez d'une humeur estivale ou printanière, colorez la moitié de la farce avec du persil haché ou du concentré de tomates.

TERRINE DE SOLE À LA VANILLE

6 | PRÉPARATION 20 min | CUISSON 30 min | REPOS 6 h |

INGRÉDIENTS

1 gousse de vanille bien charnue • 40 cl de crème liquide entière • 1 kg de filets de sole • 2 œufs entiers • 6 pincées de sel • 10 tours de moulin à poivre

1. Coupez la gousse de vanille en deux dans le sens de la longueur et retirez les graines se trouvant à l'intérieur à l'aide de la pointe d'un couteau. Mélangez-les à la crème.

2. Dans le bol d'un mixeur, mettez le poisson, du sel et du poivre. Actionnez le robot jusqu'à ce que vous obteniez une farce fine.

3. Ajoutez alors les œufs et homogénéisez à nouveau. Tout en laissant tourner le robot, ajoutez la crème.

4. Tapissez un moule à cake de papier sulfurisé et versez la farce. Lissez et enfournez pour 30 min à 180 °C (th. 6) dans un bain-marie d'eau bouillante.

5. Sortez la terrine du four, plantez la pointe d'un couteau au centre, elle doit ressortir humide mais propre. Réservez au réfrigérateur pendant 6 h avant de servir.

CONSEIL

Servez cette terrine avec une salade de mangue pimentée. Pour cela, épluchez une mangue pas trop mûre et récupérez la chair se trouvant autour du noyau. Ajoutez le jus d'un demi-citron vert, du sel, 3 cuil. à soupe d'huile végétale et une grosse pincée de piment d'Espelette.

DE LA VIANDE

TERRINE DE LÉGUMES & JAMBON

6 à 8 | PRÉPARATION **20 min** | CUISSON **40 min** | REPOS **6 h**

INGRÉDIENTS

1 botte de cerfeuil • 2 courgettes • 200 g de carottes • 150 g de petits pois • 250 g de jambon blanc • 4 blancs d'œufs • 4 cuil. à soupe d'huile d'olive • Sel, poivre

1. Effeuillez le cerfeuil. Éboutez les courgettes, coupez-les en deux dans le sens de la longueur afin de retirer les graines. Coupez ensuite les courgettes en bâtonnets de 4 à 5 cm de long sur 0,5 cm d'épaisseur. Épluchez et taillez les carottes de la même taille que les courgettes.

2. Dans une poêle, faites revenir les courgettes dans la moitié de l'huile jusqu'à ce qu'elles soient translucides. Faites de même pour les carottes jusqu'à ce qu'elles soient moelleuses. Faites cuire les petits pois pendant 5 min dans de l'eau bouillante salée. Assaisonnez tous les légumes.

3. Dans le bol d'un robot, mixez le jambon et versez petit à petit les blancs d'œufs, du sel et du poivre. Terminez avec le cerfeuil.

4. Tapissez un moule à cake de papier sulfurisé et mettez dans le fond un peu de farce. Mettez une couche de carottes et de petits pois, de la farce, une couche de courgettes et de petit pois, et terminez par de la farce. Lissez et enfournez pour 30 min à 180 °C (th. 6) dans un bain-marie d'eau bouillante.

5. Sortez la terrine du four, plantez la pointe d'un couteau au centre, elle doit ressortir humide mais propre. Réservez au réfrigérateur pendant 6 h avant de servir.

CONSEILS

Cette recette est idéale pour faire aimer les terrines aux enfants. Servez-la simplement avec des cornichons maison (voir recette p. 140) ou de la confiture d'oignons (voir recette p. 142).

TERRINE DE BŒUF

6 à 8 | **PRÉPARATION** 20 min | **CUISSON** 3 h | **REPOS** 1 nuit

INGRÉDIENTS

1 kg de viande de bœuf (paleron, joue, jarret, gîte) • 2 gousses d'ail • 2 carottes • 1 botte de cerfeuil • 1 pied de veau fendu ou coupé en deux • 1 bouquet garni • 1 cuil. à soupe d'un mélange 4 baies • Une dizaine de cornichons • 1 oignon piqué de clous de girofle • 1 cuil. à soupe de gros sel

1. Épluchez l'ail et les carottes, et effeuillez le cerfeuil.

2. Dans une grande casserole, mettez la viande, le pied de veau et le sel. Couvrez d'eau et portez à ébullition. Écumez puis ajoutez le bouquet garni, les légumes, l'oignon piqué et les 4 baies.

3. Laissez cuire pendant 3 h. Il faut que la viande s'effiloche facilement et soit très tendre.

4. Mettez la viande sur une planche et écrasez-la à la fourchette. Coupez les carottes et les cornichons en petits morceaux.

5. Dans une grande terrine tapissée de papier film, mettez de la viande, des carottes, des cornichons, du cerfeuil, un peu de bouillon filtré, de la viande, et ainsi de suite jusqu'à l'épuisement des ingrédients.

6. Couvrez de bouillon afin que le liquide surnage juste au-dessus de la viande. Couvrez et placez au réfrigérateur pour une nuit.

7. Le lendemain, démoulez délicatement et coupez de belles tranches de terrine.

CONSEILS

Le pied de veau et ce type de viande est très riche en gelée. Il n'est donc pas nécessaire d'en ajouter. Servez cette terrine avec une mayonnaise pimentée (voir recette p. 148).

JAMBON PERSILLÉ

6 à 8 | **PRÉPARATION 30 min** | **CUISSON 4 h** | **REPOS 3 h + 1 nuit**

INGRÉDIENTS

1 jambonneau demi-sel • 2 gousses d'ail • 2 carottes • 1 botte de persil • 2 pieds de veau fendus ou coupés en deux • 15 cl de vin blanc de Bourgogne • 1 blanc de poireau • 1 oignon piqué de clous de girofle • 1 bouquet garni • 1 botte de cerfeuil • Sel, poivre

1. Faites tremper le jambonneau pendant 2 à 3 h afin de le dessaler. Épluchez l'ail et les carottes. Effeuillez et hachez le persil.

2. Dans un grand faitout, mettez les viandes, le vin blanc et couvrez d'eau. Portez à ébullition, écumez et ajoutez du poivre, les légumes, l'oignon piqué et le bouquet garni.

3. Laissez cuire à feu moyen pendant 4 h en vous assurant que de l'eau recouvre toujours la viande.

4. Égouttez les viandes et désossez-les. Mélangez-les avec les herbes, du sel et du poivre.

5. Dans une terrine garnie de papier film, mettez la viande, du bouillon, de la viande, du bouillon, et ainsi de suite jusqu'à l'épuisement des ingrédients.

6. Placez au réfrigérateur pour une nuit. Le lendemain, démoulez délicatement et coupez de belles tranches de jambon persillé.

CONSEILS

Servez avec un bon pain de campagne grillé, et de la salade avec une vinaigrette piquante (utilisez du vinaigre de xérès).

PÂTÉ EN CROÛTE

8 | **PRÉPARATION** 30 min | **CUISSON** 1 h 30 | **REPOS** 1 nuit + 12 h |

INGRÉDIENTS

800 g de gorge de porc • 500 g d'échine de porc • 2 gousses d'ail • 2 échalotes • 1 botte de persil • 1 botte de cerfeuil • 15 cl de porto • 2 cuil. à soupe de cognac • 1 pincée de 4 épices • 1 portion de pâte brisée (voir recette p. 17) • 1 œuf • 1 portion de gelée maison (voir recette p. 23) • 1 cuil. à soupe de sel fin • 12 tours de moulin à poivre

1. Demandez à votre boucher de vous hacher la viande dans un hachoir avec une grille moyenne. Si vous possédez un hachoir à main, vous pouvez le faire vous-même, prenez simplement soin de retirer les nerfs blancs de la viande qui vont immanquablement bloquer la grille.

2. Épluchez et hachez l'ail et les échalotes. Effeuillez les herbes. Dans un grand saladier, mélangez les viandes avec les herbes, l'ail, les échalotes, le porto, le cognac, le sel, le poivre et le 4 épices. Laissez reposer pendant 1 nuit au réfrigérateur.

3. Le lendemain, divisez la pâte en 2 pâtons, l'un utilisant les $\frac{2}{3}$ et l'autre $\frac{1}{3}$. Beurrez généreusement un plat à gâteau, ou mieux un plat à pâté en croûte. Étalez le gros morceau de pâte sur une épaisseur de 3 à 4 mm et tapissez-en l'intérieur du moule en faisant déborder la pâte. Mettez au centre la farce.

4. Étalez le reste de la pâte. Battez l'œuf en omelette et badigeonnez la tranche du moule afin que l'œuf serve de colle. Placez sur le dessus le dernier morceau de pâte. Soudez, en les pinçant, les deux pâtes sur tout le pourtour et retirez à l'aide d'une paire de ciseaux le trop-plein de pâte.

5. Repliez le boudin supérieur de pâte vers le centre du pâté et étalez à nouveau le trop-plein de pâte. Découpez des formes de feuille et, avec la pointe d'un couteau, faites des nervures. Disposez-les sur le pâté. Façonnez aussi aux deux bouts du pâté deux petites cheminées afin de laisser évacuer la vapeur durant la cuisson.

6. Dorez à l'œuf le pâté en croûte et enfournez pour 1 h 30 à 190 °C (th. 6-7). Lorsqu'il est bien doré, sortez le pâté du four et laissez reposer pendant 6 h avant de déguster. Versez alors par les cheminées la gelée et laissez à nouveau refroidir pendant 6 h.

TOURTE VIGNERONNE

8 | PRÉPARATION **40 min** | CUISSON **1 h 15** | REPOS **1 nuit**

INGRÉDIENTS

½ botte de persil plat • 2 oignons • 3 gousses d'ail • 2 cuil. à soupe de saindoux • 500 g d'échine de porc • 500 g d'épaule de veau • 1 cuil. à café de 4 épices • 75 g de farce fine • 1 cuil. à soupe de cassonade • 20 cl de vin blanc d'Alsace (sylvaner, riesling...) • 2 portions de pâte feuilletée (voir recette p. 18) • 1 jaune d'œuf • 1 cuil. à soupe de lait frais entier • 1 cuil. à soupe de sel fin • 12 tours de moulin à poivre

1. Effeuillez le persil. Épluchez puis hachez l'oignon et l'ail. Faites-les revenir dans le saindoux chaud jusqu'à ce que l'oignon soit translucide. Coupez la viande en cubes d'1 cm de côté. Mettez-la dans un saladier avec les épices, le persil, l'oignon, l'ail, la farce fine et la cassonade. Salez, poivrez et arrosez de vin avant de laisser reposer pendant 1 nuit au réfrigérateur.

2. Étalez la moitié de la pâte feuilletée sur une épaisseur de 2 mm puis découpez-y 2 grands disques ronds d'environ 35 cm de diamètre. Garnissez 2 moules à gâteau ou tourtières d'environ 20 cm de diamètre des disques de pâte. Remplissez de farce et rabattez les bords de la pâte sur la viande.

3. Battez l'œuf et le lait. Badigeonnez les bords des tourtes.

4. Étalez le reste de pâte feuilletée pour couvrir les tourtes. Pincez les deux pâtes pour les souder puis, avec les chutes, coupez des morceaux à l'aide d'un emporte-pièce et décorez les tourtes.

5. Façonnez un trou au centre de chaque tourte et creusez-y une cheminée que vous bloquerez avec un cornet de papier sulfurisé. Dorez la pâte et enfournez pour 1 h à 180 °C (th. 6). La tourte est cuite lorsque le jus qui s'écoule est translucide et la pâte bien dorée.

CONSEIL

Cette recette est si bonne qu'elle se déguste chaude avec une bonne salade, tout simplement, et un délicieux vin blanc sec.

TERRINE DE POULET À L'ESTRAGON & À LA MOUTARDE À L'ANCIENNE

6 à 8 | **PRÉPARATION** 20 min | **CUISSON** 40 min | **REPOS** 2 h

INGRÉDIENTS

600 g de filets de poulet • 2 gousses d'ail • 1 oignon jaune • 6 œufs • 30 cl de crème liquide • 1 botte d'estragon • 1 cuil. à soupe de moutarde à l'ancienne • 3 cuil. à soupe d'huile d'olive • 6 pincées de sel • 10 tours de moulin à poivre

1. Épluchez et hachez l'ail et l'oignon. Faites-les revenir dans une poêle dans l'huile d'olive à feu moyen jusqu'à ce que l'oignon soit translucide.

2. Dans le bol d'un robot, réduisez en fine purée le poulet, le sel et le poivre, puis ajoutez les œufs et la crème. Lorsque votre farce est homogène, ajoutez les oignons, l'estragon et la moutarde. Homogénéisez à nouveau.

4. Tapissez un moule à cake de papier sulfurisé et mettez la farce. Lissez et enfournez pour 40 min à 180 °C (th. 6) dans un bain-marie d'eau bouillante.

5. Sortez la terrine du four, plantez la pointe d'un couteau au centre qui doit ressortir humide mais propre. Réservez au réfrigérateur pendant 2 h avant de servir.

CONSEIL

Servez cette terrine tiède accompagnée d'un coulis de tomates au vinaigre balsamique.

TERRINE DE LAPIN

6 à 8 | **PRÉPARATION** 30 min | **CUISSON** 3 h 30 | **REPOS** 1 nuit

INGRÉDIENTS

1 lapin désossé avec les os (il faut environ 800 g de chair) • 2 pieds de veau coupés en deux ou fendus • 1 carotte • 1 oignon piqué de clous de girofle • 1 blanc de poireau • 1 cuil. à café de graines de coriandre • 1 cuil. à café de graines de moutarde noire • ¼ de botte de sauge • 1 botte de cerfeuil • 5 pincées de sel • 10 tours de moulin à poivre

1. Épluchez la carotte et l'oignon.

2. Dans une grande cocotte, mettez les pieds de veau et les os de lapin. Portez à ébullition et écumez. Ajoutez alors l'oignon piqué, la carotte et le poireau nettoyés, la coriandre, les graines de moutarde et la sauge. Couvrez largement d'eau et portez à ébullition. Laissez cuire à petit bouillon pendant 2 h 30.

3. Coupez la chair de lapin en gros cubes. Filtrez le bouillon et versez-le dans une casserole. Portez à ébullition et faites pocher le lapin pendant 1 h à feu moyen. Égouttez la viande et laissez réduire le bouillon pour en obtenir 50 cl. Effeuillez le cerfeuil et mélangez-le à la viande.

4. Garnissez un moule à cake de papier film et remplissez-le de viande de lapin. Versez dessus le bouillon, puis laissez reposer pendant 1 nuit. Dégraissez le dessus de la terrine avant de déguster.

CONSEILS

Pour enrichir la terrine, ajoutez la viande des pieds de veau désossés.
Servez avec une bonne focaccia tiède et bien sûr des cornichons.

TERRINE DE LIÈVRE AUX NOISETTES

6 à 8 | **PRÉPARATION** 30 min | **CUISSON** 1 h 30 | **REPOS** 6 h

INGRÉDIENTS

400 g de râbles de lièvres • 100 g de foies de volaille, de lapin ou de lièvre • 100 g de gorge de porc • 250 g de poitrine de porc sans cartilage et sans couenne • 2 échalotes • 2 gousses d'ail • 1 cuil. à café de cassonade • 10 cl de vin blanc sec • 5 cl de porto • 5 cl de cognac • 2 cl de xérès • 100 g de noisettes entières décortiquées • 1 portion de gelée nature (voir recette p. 23) • 2 cuil. à café rase de sel fin • 12 tours de moulin à poivre

1. Coupez les râbles en médaillons de 1 cm d'épaisseur. Préparez les foies (voir technique p. 15). Coupez en gros morceaux la gorge et détaillez en petits lardons la poitrine. Passez au hachoir avec la grille fine la gorge et les foies.

2. Épluchez et hachez les échalotes et l'ail. Dans un grand saladier, mélangez les viandes hachées, les râbles, le sel, le poivre, la cassonade, les alcools et les noisettes.

3. Dans une grande terrine, mettez la farce avec le jus et couvrez. Placez dans un bain-marie d'eau bouillante et faites cuire à 170 °C (th. 5-6) pendant 1 h 30.

4. Sortez la terrine du four. Retirez le couvercle et versez de la gelée jusqu'à hauteur de la viande. Placez 6 h au frais avant de déguster.

VARIANTE

Vous pouvez remplacer les noisettes par des pruneaux dénoyautés.

TERRINE DE CAMPAGNE

8 | PRÉPARATION **30 min** | CUISSON **2 h** | REPOS **1 nuit**

INGRÉDIENTS

100 g de foie de porc • 250 g de gorge de porc • 250 g de poitrine de porc fraîche sans couenne et sans cartilage • 250 g d'échine de porc • 1 botte de cerfeuil • 2 gousses d'ail • 2 échalotes • 10 cl de vin blanc sec • ½ cuil. à café de mélange 4 épices • 1 cuil. à soupe rase de sel • 12 tours de moulin à poivre

1. Coupez les viandes en morceaux. Passez au hachoir avec une grille fine (ou demandez à votre boucher de le faire) le foie de porc et la gorge. Passez à la grille moyenne la poitrine et l'échine.

2. Effeuillez le cerfeuil. Épluchez et hachez l'ail et les échalotes. Dans un grand saladier, mélangez tous les ingrédients de la recette.

3. Dans un grand plat à terrine, mettez la farce, donnez une forme arrondie sur le dessus et fermez avec un couvercle adapté.

4. Enfournez pour 2 h à 170 °C (th. 5-6) dans un bain-marie d'eau bouillante. Sortez la terrine du four et laissez reposer au frais pendant une nuit avant de déguster.

CONSEIL

Si vous possédez un thermomètre, votre terrine est cuite lorsque le cœur atteint la température de 70 °C. Une autre façon de vérifier est de piquer la terrine. Le jus qui s'en écoule est alors transparent.

TERRINE DE CANARD AUX PRUNEAUX

6 à 8 | **PRÉPARATION 30 min** | **CUISSON 1 h 30** | **REPOS 24 h**

INGRÉDIENTS

400 g de chair de cuisses de canard sans les os et la peau (prévoyez 600 g avec os et peau) • 250 g de poitrine de porc sans couenne et sans cartilage • 100 g de gorge de porc • 100 g de foie de canard • 200 g de pruneaux dénoyautés • 2 échalotes • 2 gousses d'ail • 10 cl de porto • 5 cl de cognac • 5 cl de xérès • 1 cuil. à soupe rase de sel • 12 tours de moulin à poivre

1. Épluchez et hachez les échalotes et l'ail. Coupez la viande de canard et la poitrine en petits lardons. Passez au hachoir muni d'une grille fine le foie de canard et la gorge.

2. Dans un grand saladier, mélangez tous les ingrédients et laissez reposer pendant 12 h au réfrigérateur.

3. Disposez la farce et le jus de marinade dans une terrine. Fermez puis enfournez pour 1 h 30 à 180 °C (th. 6) dans un bain-marie d'eau bouillante. Sortez du four et laissez reposer pendant une nuit avant de déguster.

CONSEIL

Avec la même recette, vous pouvez aussi remplacer les pruneaux par 100 g de noisettes décortiquées et le jus de 2 oranges à la place des alcools pour obtenir une délicieuse terrine de canard à l'orange et aux noisettes.

TERRINE DE BŒUF AU VIN ROUGE

6 à 8

PRÉPARATION 30 min | **CUISSON** 4 h | **REPOS** 24 h

INGRÉDIENTS

2 queues de bœuf ou 1 kg de joue de bœuf • 4 carottes • 3 poireaux • 1 branche de céleri • 1 oignon piqué de clous de girofle • 1 branche de thym • 2 feuilles de laurier • 50 cl de côtes-du-rhône rouge • Sel, poivre

1. Épluchez les carottes et nettoyez les poireaux.

2. Dans une grande cocotte, mettez la viande de bœuf et couvrez d'eau. Portez à ébullition, écumez puis ajoutez la branche de céleri, l'oignon piqué, le thym, le laurier, du sel et du poivre. Laissez cuire à petit bouillon pendant 2 h.

3. Ajoutez à la viande les carottes et les poireaux et laissez à nouveau cuire pendant 2 h. Si l'eau ne couvre plus la viande et les légumes, ajoutez-en un peu. Dans une casserole, versez le vin et faites réduire aux trois quarts.

4. Sortez la viande et les légumes du bouillon qu'il faut encore laisser réduire de façon à concentrer le goût (vous devez en obtenir 25 cl, soit un grand verre), puis ajoutez-y le vin réduit. Assaisonnez et gardez de côté. Effilochez la viande chaude. Coupez les carottes dans le sens de la longueur.

5. Tapissez le fond d'une terrine de carottes, mettez la viande, les poireaux, de la viande, des carottes et renouvelez jusqu'à l'épuisement des ingrédients. Versez le bouillon sur la terrine. Gardez au réfrigérateur pendant 24 h. Dégraissez le dessus de la terrine avant de servir.

CONSEILS

Cette recette délicieuse peut être réalisée avec du jarret. Dans la terrine, vous pouvez aussi mettre une pointe d'épice : du piment d'Espelette ou un peu de garam masala.

PARFAIT DE VOLAILLE

6 à 8 | PRÉPARATION **30 min** | CUISSON **20 min** | REPOS **1 nuit**

INGRÉDIENTS

600 g de foies de volaille • 2 échalotes • 2 cuil. à soupe de vinaigre de xérès • 20 cl de porto blanc • 1 branche de thym • 3 feuilles de laurier • 250 g de beurre demi-sel à température ambiante • 1 portion de gelée (voir recette p. 23) • Sel, poivre

1. Préparez les foies de volaille (voir la technique p. 15). Épluchez et hachez les échalotes.

2. Dans une casserole, faites revenir à feu vif et rapidement dans un peu de beurre les échalotes et les foies. Quand les foies sont bien dorés, retirez-les et versez le vinaigre. Laissez évaporer et ajoutez le porto, le thym et le laurier. Laissez réduire jusqu'à ce qu'il n'y ait presque plus de liquide. Coupez le feu et laissez tiédir.

3. Mixez les foies avec le liquide de cuisson réduit. La farce que vous obtenez doit être rosée. Quand elle est à température ambiante, ajoutez et liez avec le beurre puis vérifiez l'assaisonnement.

4. Mettez dans une terrine et couvrez de gelée encore liquide. Laissez reposer pendant une nuit avant de déguster.

CONSEILS

Aromatisez votre gelée avec le même porto que vous avez utilisé. Pour une touche originale, ajoutez dans la gelée des fleurs d'hibiscus qui lui donneront une magnifique couleur rouge.

RILLETTES DE PORC AU POIVRE VERT & AU GINGEMBRE

6 à 8 | **PRÉPARATION** 20 min | **CUISSON** 4 h | **REPOS** 4 h + 1 nuit

INGRÉDIENTS

1 kg de poitrine de porc fraîche sans couenne et sans cartilage • 2 gousses d'ail • 2 échalotes • 3 cm de gingembre frais • 1 petite boîte de poivre vert en conserve • 2 feuilles de laurier • 2 branches de thym • Sel, poivre

1. Découpez la viande en gros morceaux. Mettez-la dans une casserole et couvrez à peine d'eau. Salez légèrement et portez à ébullition, puis laissez cuire à feu doux pendant 3 h en vous assurant qu'il y a toujours un peu d'eau dans la casserole qui surnage la viande.

2. Épluchez et hachez l'ail et les échalotes. Épluchez et râpez finement le gingembre. Ouvrez la boîte de poivre vert et conservez le jus.

3. Après 3 h de cuisson, ajoutez dans votre casserole l'ail, les échalotes, le gingembre, le laurier et le thym. Poursuivez la cuisson pendant 1 h en remuant souvent afin que les rillettes n'accrochent pas au fond de la casserole. Il faut qu'elles commencent à confire dans leur graisse, n'ajoutez donc que peu d'eau petit à petit.

4. Au bout de 4 h de cuisson, écrasez les morceaux de porc avec un presse-purée et mettez la viande dans un tamis en la pressant doucement afin de retirer l'excédent de gras. Vérifiez l'assaisonnement de la viande.

5. Mettez la viande dans une terrine et tassez-la bien. Placez au réfrigérateur pour 4 heures, puis versez dessus la couche de graisse que vous avez récupérée et laissez à nouveau reposer pendant une nuit avant de déguster.

CONSEILS

Les rillettes se gardent aisément pendant 10 jours au réfrigérateur. Elles se congèlent aussi à merveille alors n'hésitez pas à en faire de plus grosses quantités et les conditionner dans des petits pots que vous pourrez sortir au fur et à mesure.

RILLETTES DE CANARD

6 | PRÉPARATION 20 min | CUISSON 4 h | REPOS 1 nuit |

INGRÉDIENTS

1 kg de chair de canard avec la peau (cuisses et magret) • 2 gousses d'ail • 2 échalotes • 1 petite boîte de poivre vert en conserve • 100 g de graisse de canard • Sel, poivre

1. Découpez la viande en gros morceaux. Mettez-la dans une casserole et couvrez à peine d'eau. Salez légèrement et portez à ébullition, puis laissez cuire à feu doux pendant 3 h en vous assurant qu'il y a toujours un peu d'eau dans la casserole qui surnage la viande.

2. Épluchez et hachez l'ail et les échalotes. Ouvrez la boîte de poivre vert et conservez le jus.

3. Après 3 h de cuisson, ajoutez dans la casserole l'ail, les échalotes, le poivre et son jus.

4. Poursuivez la cuisson pendant 1 h en remuant souvent afin que les rillettes n'accrochent pas au fond de la casserole. Il faut qu'elles commencent à confire dans leur jus, n'ajoutez donc que peu d'eau petit à petit.

5. Au bout de 4 h de cuisson, ajoutez la graisse dans la viande et mélangez avec une cuillère en bois de façon vigoureuse afin de casser les morceaux et d'homogénéiser la texture de la viande qui doit complètement s'effilocher.

6. Vérifiez l'assaisonnement. Mettez la viande dans une terrine, tassez bien puis laissez reposer pendant une nuit avant de déguster.

CONSEIL

Comme les rillettes de porc, celles-ci se congèlent aussi très bien. Vous pouvez ajouter en fin de cuisson un trait de porto pour apporter une touche légèrement sucrée.

TERRINE DE VOLAILLE AUX ASPERGES

6 à 8 | PRÉPARATION 20 min | CUISSON 50 min | REPOS 6 h

INGRÉDIENTS

2 bottes d'asperges vertes • 1 morceau de sucre • 1 botte de cerfeuil • 500 g de filets de poulet • 5 œufs • 25 cl de crème fraîche liquide • 6 pincées de sel • 10 tours de moulin à poivre

1. Coupez le pied terreux des asperges et épluchez-les jusqu'à la tête. Portez de l'eau salée à ébullition avec le sucre et plongez-y délicatement les asperges. Comptez 10 min de cuisson. Sortez rapidement les asperges et plongez-les dans l'eau froide.

2. Séparez les têtes du pied des asperges et effeuillez le cerfeuil.

3. Dans le bol d'un robot, réduisez en purée fine le poulet, le sel, le poivre, puis ajoutez les œufs et la crème. Lorsque votre farce est homogène, ajoutez le cerfeuil et mélangez à la main.

4. Tapissez un moule à cake de papier sulfurisé et mettez ⅓ de la farce, la moitié des asperges, un peu de farce, l'autre moitié des asperges et le reste de la farce. Lissez et enfournez à 180 °C (th. 6) pour 40 min dans un bain-marie d'eau bouillante.

5. Sortez la terrine du four, plantez la pointe d'un couteau au centre, elle doit ressortir humide mais propre. Réservez au réfrigérateur pendant 6 h avant de servir.

CONSEIL

Utilisez les pieds d'asperges cuits pour une salade ou réduisez-les en purée avec 15 cl de crème fraîche liquide et 15 cl de bouillon de volaille. Passez le tout au tamis et vérifiez l'assaisonnement. Servez évidemment avec la terrine.

TERRINE D'AGNEAU CONFIT

6 à 8 | **PRÉPARATION** 20 min | **CUISSON** 4 h | **REPOS** 6 h

INGRÉDIENTS

1 kg d'épaule d'agneau désossée • 1 botte de persil plat • 1 botte de coriandre • 2 gousses d'ail • 2 échalotes • 2 bouillons cubes de volaille bio • 1 portion de gelée (voir recette p. 23) • Sel, poivre

1. Effeuillez les herbes. Coupez la viande en gros cubes. Déliez les bouillons dans 50 cl d'eau. Épluchez et hachez l'ail et les échalotes.

2. Dans une grande terrine, mélangez la viande avec les herbes, les échalotes, l'ail, du poivre et uniquement 2 pincées de sel.

3. Disposez le tout dans une terrine et couvrez du bouillon. Mettez la terrine dans un bain-marie d'eau bouillante et enfournez pour 4 h à 140 °C (th. 4-5).

4. Toutes les heures, vérifiez qu'il y a toujours du liquide dans la terrine et n'hésitez pas, surtout les 3 premières heures, à en ajouter. La viande doit complètement s'effilocher.

5. Sortez la terrine du four et laissez reposer pendant 2 h. Ajoutez la gelée et réservez au frais pendant 4 h avant de déguster.

CONSEILS

Il convient de ne pas trop saler cette terrine car les bouillons contiennent déjà beaucoup de sel. Vous pouvez ajouter dans votre terrine un peu de gingembre haché ou de citron confit. Pour une touche orientale, ajoutez du ras-el-hanout, un mélange d'épices nord-africain qui se marie à merveille avec l'agneau.

TERRINE BEAUJOLAISE

6 à 8 | **PRÉPARATION 30 min** | **CUISSON 2 h** | **REPOS 1 nuit**

INGRÉDIENTS

200 g de foie de porc • 300 g de gorge de porc • 300 g d'échine de porc • 1 botte de persil • 3 échalotes • 2 gousses d'ail • 2 carottes • 40 cl de beaujolais rouge • 10 cl de porto rouge • 1 cuil. à soupe rase de sel • 12 tours de moulin à poivre

1. Coupez les viandes en morceaux. Passez (ou demandez à votre boucher de le faire) au hachoir avec une grille fine le foie de porc et la gorge. Passez à la grille moyenne l'échine.

2. Effeuillez le persil. Épluchez et hachez les échalotes et l'ail. Épluchez les carottes, coupez-les en tronçons puis en tranches, en bâtonnets et enfin en petits dés.

3. Dans un grand saladier, mélangez les viandes avec le persil, les légumes, le vin, le porto, le sel et le poivre.

4. Dans un grand plat à terrine, mettez la farce, donnez une forme arrondie sur le dessus et fermez avec un couvercle adapté.

5. Enfournez dans un bain-marie d'eau bouillante pour 2 h à 170 °C (th. 5-6). Sortez la terrine du four et laissez reposer au frais pendant 1 nuit avant de déguster.

CONSEIL

Pour une touche sucrée, vous pouvez ajouter dans votre terrine de gros raisins secs qui se marieront très bien avec le côté vineux de la recette.

CHRISTOFLE
A PARIS

TERRINE AUX PISTACHES

6 à 8 | PRÉPARATION **30 min** | CUISSON **2 h** | REPOS **2 h + 1 nuit**

INGRÉDIENTS

150 g de poitrine de porc fraîche sans couenne et sans cartilage • 400 g d'échine de porc • 150 g d'épaule de veau • 1 botte de cerfeuil • 2 échalotes • 2 gousses d'ail • 2 œufs • 100 g de pistaches émondées crues et non salées • ½ cuil. à café de mélange 4 épices • 5 cl de cognac • 1 portion de gelée (voir recette p. 23) • 1 cuil. à café de sel • 10 tours de moulin à poivre

1. Coupez les viandes en morceaux. Passez (ou demandez à votre boucher de le faire) au hachoir avec une grille moyenne la poitrine et l'échine de porc, et l'épaule de veau.

2. Effeuillez le cerfeuil. Épluchez et hachez l'échalote et l'ail. Dans un grand saladier, mélangez les viandes avec les œufs, l'ail, le cerfeuil, les échalotes, les pistaches, le sel, le poivre, les épices et le cognac.

3. Dans un grand plat à terrine, mettez la farce, donnez une forme arrondie sur le dessus et fermez avec un couvercle adapté.

4. Enfournez dans un bain-marie d'eau bouillante pendant 2 h à 170 °C (th. 5-6). Sortez la terrine du four et laissez reposer 2 h. Ajoutez alors la gelée à hauteur et laissez reposer pendant 1 nuit avant de déguster.

CONSEIL

Vous pouvez remplacer (ou ajouter) la moitié des pistaches par des noisettes émondées. Vous pouvez aussi ajouter des abricots moelleux. Dans cette recette, on utilise des œufs comme liant car il n'y a pas ici de foie ou de farce fine, et la viande est coupée à la grille moyenne.

TERRINE DE CAILLE AUX ÉPINARDS

6 à 8 | PRÉPARATION 30 min | CUISSON 1 h 15 | REPOS 1 nuit

INGRÉDIENTS

1,5 kg d'épinards frais • 2 échalotes • 40 g de beurre • 4 œufs entiers • 10 cl de crème liquide entière • 100 g de ricotta • 6 filets de caille • Sel, poivre

1. Rincez les épinards, retirez la tige. Épluchez et hachez les échalotes.

2. Dans une grande casserole, faites fondre le beurre. Ajoutez les épinards et les échalotes et faites cuire en remuant souvent jusqu'à ce que les épinards aient complètement fondu et qu'il n'y ait plus d'eau.

3. Battez les œufs en omelette avec la crème, du sel, du poivre et la ricotta.

4. Dans un robot, mixez la moitié des épinards avec les œufs battus jusqu'à ce que vous obteniez une préparation homogène. Mélangez doucement avec le reste des épinards.

5. Tapissez une terrine de papier sulfurisé et versez la moitié des épinards. Disposez au centre et sur toute la longueur les filets de caille. Couvrez du reste des épinards et faites cuire dans un bain-marie d'eau bouillante pendant 1 h à 170 °C (th. 5-6).

6. Sortez la terrine du four et laissez reposer pendant 1 nuit au réfrigérateur avant de déguster.

CONSEIL

Vous pouvez remplacer les filets de caille par d'autres volailles, du faisan, du pigeon, du poulet, ou même des râbles de lapin.

TERRINE DE RÔTI

6 à 8 | **PRÉPARATION** 30 min | **CUISSON** 20 min | **REPOS** 6 h

INGRÉDIENTS

1 poulet rôti avec son jus • 3 courgettes • 1 botte d'asperges vertes • 1 morceau de sucre • 6 cuil. à soupe d'huile d'olive • 1 portion de gelée (voir recette page 23) • Sel, poivre

1. Détachez la chair du poulet et coupez-la en gros morceaux. Mélangez-la avec le jus.

2. Éboutez les courgettes et coupez-les dans le sens de la longueur en tranches fines. Dans une poêle, faites-les revenir à feu doux dans l'huile d'olive de façon à les cuire sans les colorer. Lorsqu'elles sont translucides, mettez-les sur du papier absorbant.

3. Coupez le pied terreux des asperges et épluchez-les jusqu'à la tête. Portez de l'eau salée à ébullition avec 1 morceau de sucre et plongez-y délicatement les asperges. Comptez 10 min de cuisson. Sortez rapidement les asperges et plongez-les dans l'eau froide.

4. Tapissez de film un grand moule à cake. Disposez de façon perpendiculaire des bandes de courgettes en les superposant légèrement.

5. Alternez ensuite des couches de légumes et de viande : courgettes, poulet, asperges, poulet, asperges, poulet, et terminez par les courgettes.

6. Versez doucement de la gelée de façon à ce qu'elle s'introduise bien entre toutes les couches et laissez reposer pendant 6 h au frais avant de servir.

CONSEIL

Vous pouvez ajouter des herbes fraîches entre vos couches dans la terrine. Essayez de l'estragon ou du basilic finement ciselé.

PÂTÉ DE BICHE

6 à 8 | **PRÉPARATION** 30 min | **CUISSON** 1 h 30 | **REPOS** 2 h + 1 nuit

INGRÉDIENTS

400 g de viande de biche (épaule, collier ou cuissot) • 5 cl de cognac • 10 cl de vin blanc • 5 cl de xérès • 100 g de foie de porc • 150 g de gorge de porc • 150 g d'échine de porc • 2 gousses d'ail • 2 échalotes • 1 botte de persil • ½ cuil. de 4 épices • 1 portion de gelée (voir recette p. 23) • 1 cuil. à soupe rase de sel fin • 12 tours de moulin à poivre

1. Coupez la viande de biche en morceaux de 2 cm de côté. Arrosez avec les alcools et laissez reposer le temps de préparer le reste de la recette.

2. Passez le foie et la gorge de porc dans un hachoir muni d'une grille fine. Utilisez une grille moyenne pour l'échine. Épluchez et hachez l'ail et les échalotes. Effeuillez le persil.

3. Dans un saladier, mélangez les viandes avec les légumes, les alcools, le sel, le poivre et les épices.

4. Disposez la viande dans une grande terrine et lissez le dessus tout en donnant à la viande une forme bombée. Enfournez à 170 °C (th. 5-6) pendant 1 h 30 dans un bain-marie d'eau bouillante.

5. Sortez votre terrine du four et laissez tiédir pendant 2 h. Ajoutez tout autour de la gelée et laissez reposer 1 nuit avant de déguster.

CONSEILS

Pour commencer ce genre de recette, je vous recommande de ne pas utiliser de viande faisandée car cela apporte un goût très puissant, pas obligatoirement au goût de tous.
La viande de biche se marie à merveille avec les fruits secs comme des dattes ou des pruneaux.

DU FOIE GRAS

TERRINE DE FOIE GRAS CLASSIQUE

8 à 10 | **PRÉPARATION** 20 min | **CUISSON** 50 min | **REPOS** 3 à 4 jours

INGRÉDIENTS

2 foies gras de canard de 400 g chacun environ • 1 cuil. à café rase de sucre • 5 cl de vin blanc doux (muscat, sauternes, monbazillac...) • 2 cuil. à café rase de sel fin • 10 tours de moulin à poivre

1. Commencez par déveiner les foies gras (voir technique p. 14).

2. Dans un petit bol, mélangez le sucre, le sel et le poivre.

3. Assaisonnez les lobes de foies en n'oubliant aucune partie. Ajoutez le vin doux, placez alors les petits lobes sur les gros, enrobez-les.

4. Dans une grande terrine, mettez les foies gras en les pressant doucement afin qu'ils fassent bloc. Fermez la terrine avec le couvercle ou du papier d'aluminium.

5. Préchauffez votre four à 120 °C (th. 4) et disposez-y un bain-marie avec de l'eau frémissante, c'est-à-dire pas bouillante, mais il doit y avoir de petites bulles d'air qui se forment au fond.

6. Placez alors la terrine de foie gras au four et faites cuire pendant 50 min.

7. Sortez la terrine du four et laissez tiédir avant de réfrigérer. Conservez au frais pendant 3 à 4 jours avant de déguster.

CONSEIL

On recommande toujours de laisser s'affiner le goût du foie gras avant de le consommer. Je sais, c'est un peu long. Attendez au moins 48 heures. Le foie gras peut se conserver ainsi 10 jours.

TERRINE DE FOIE GRAS AU RHUM AMBRÉ & À LA VANILLE

8 à 10 | **PRÉPARATION** 20 min | **CUISSON** 50 min | **REPOS** 3 à 4 jours

INGRÉDIENTS

2 foies gras de canard de 400 g chacun environ • 1 gousse de vanille bien grasse • 1 cuil. à café rase de cassonade • 5 cl de rhum vieux • 2 cuil. à café rase de sel fin • 10 tours de moulin à poivre

1. Commencez par déveiner les foies gras (voir technique p. 14).

2. Coupez la gousse de vanille en deux dans le sens de la longueur et retirez les graines se trouvant au centre avec la pointe d'un couteau. Mélangez-les à la cassonade.

3. Dans un petit bol, mélangez la cassonade, le sel et le poivre.

4. Assaisonnez les lobes de foies en n'oubliant aucune partie. Arrosez-les de rhum et placez alors les petits lobes sur les gros, enrobez-les.

5. Dans une grande terrine, mettez les foies gras en les pressant doucement afin qu'ils fassent bloc. Fermez la terrine avec le couvercle ou du papier d'aluminium.

6. Préchauffez le four à 120 °C (th. 4) et disposez-y un bain-marie avec de l'eau frémissante, c'est-à-dire pas bouillante mais il doit y avoir de petites bulles d'air qui se forment au fond.

7. Placez alors la terrine de foie gras au four et faites cuire pendant 50 min.

8. Sortez la terrine du four et laissez tiédir avant de réfrigérer. Conservez au frais pendant 3 à 4 jours avant de déguster.

CONSEIL

Vous pouvez utiliser d'autres alcools pour le foie gras, comme par exemple de l'amaretto (liqueur d'amandes) ou du Frangelico (liqueur de noisettes).

TERRINE
DE FOIE GRAS AUX ÉPICES

8 à 10 | **PRÉPARATION 20 min** | **CUISSON 50 min** | **REPOS 3 à 4 jours**

INGRÉDIENTS

2 foies gras de canard de 400 g chacun environ • 1 cuil. à café de cassonade • 1 pincée de noix muscade • 1 pincée de gingembre en poudre • 2 pincées d'épices quatre-épices • 1 cuil. à soupe de porto rouge • 1 cuil. à soupe de xérès sec • 1 cuil. à soupe de cognac • 2 cuil. à café rase de sel fin • 8 tours de moulin à poivre

1. Commencez par déveiner les foies gras (voir technique p. 14).

2. Dans un petit bol, mélangez la cassonade, le sel, le poivre et les épices. Disposez dans un verre les différents alcools.

3. Assaisonnez les lobes de foies avec le sel aux épices en n'oubliant aucune partie. Arrosez-les des alcools et placez alors les petits lobes sur les gros, enrobez-les.

4. Dans une grande terrine, mettez les foies gras en les pressant doucement afin qu'ils fassent bloc. Fermez la terrine avec le couvercle ou du papier d'aluminium.

5. Préchauffez le four à 120 °C (th. 4) et disposez-y un bain-marie avec de l'eau frémissante, c'est-à-dire pas bouillante mais il doit y avoir de petites bulles d'air qui se forment au fond.

6. Placez alors la terrine de foie gras au four et faites cuire pendant 50 min.

7. Sortez la terrine du four et laissez tiédir avant de réfrigérer. Conservez au frais pendant 3 à 4 jours avant de déguster.

CONSEIL

Ce mélange d'épices est savoureux et vous pouvez le corser en remplaçant le poivre par 4 ou 5 pincées de piment d'Espelette.

FOIE GRAS AU SIROP D'ÉRABLE & CONDIMENT POMMES-NOISETTES

8 à 10 | **PRÉPARATION** 20 min | **CUISSON** 50 min | **REPOS** 3 à 4 jours

INGRÉDIENTS

2 foies gras de canard de 400 g chacun environ • 2 cuil. à soupe de porto blanc • 5 cl de sirop d'érable • 2 cuil. à café rase de sel fin • 10 tours de moulin à poivre
Pour le condiment : 2 pommes golden • 2 dattes séchées • 2 figues séchées • 2 cuil. à soupe de noisettes • 25 g de beurre

1. Commencez par déveiner les foies gras (voir technique p. 14). Dans un petit bol, mélangez le sel et le poivre.

2. Assaisonnez les lobes de foie gras en n'oubliant aucune partie. Ajoutez le porto et le sirop d'érable, placez alors les petits lobes sur les gros, et enrobez-les.

3. Dans une grande terrine, mettez les foies gras en les pressant doucement afin qu'ils fassent bloc. Fermez la terrine avec le couvercle ou du papier d'aluminium.

4. Préchauffez le four à 120 °C (th. 4) et disposez-y un bain-marie avec de l'eau frémissante, c'est-à-dire pas bouillante mais il doit y avoir de petites bulles d'air qui se forment au fond.

5. Placez alors la terrine de foie gras au four et faites cuire pendant 50 min.

6. Sortez la terrine du four et laissez tiédir avant de réfrigérer. Conservez au frais pendant 3 à 4 jours avant de déguster.

7. Le jour de la dégustation, préparez le condiment. Épluchez les pommes, coupez-les en quartiers et retirez le cœur. Détaillez-les ensuite en petits dés. Coupez de la même façon les dattes et les figues.

8. Dans une poêle sans matières grasses, faites revenir les noisettes jusqu'à ce qu'elles brunissent. Retirez-les alors de la poêle et laissez-les refroidir avant de les concasser.

9. Dans la même poêle, faites revenir les pommes avec le beurre à feu moyen jusqu'à ce qu'elles soient moelleuses. Ajoutez alors les fruits secs, les noisettes, une pointe de poivre et laissez tiédir avant de servir avec le foie gras.

FOIE GRAS À LA VAPEUR

8 à 10

PRÉPARATION 20 min | **CUISSON** 15 min | **REPOS** 3 à 4 jours

INGRÉDIENTS

2 foies gras de canard de 400 g chacun environ • 1 cuil. à café rase de sucre • 5 cl de cognac • 2 cuil. à café rase de sel fin • 10 tours de moulin à poivre

1. Commencez par déveiner les foies gras (voir technique p. 14).

2. Dans un petit bol, mélangez le sucre, le sel et le poivre.

3. Assaisonnez les lobes de foies en n'oubliant aucune partie. Ajoutez le cognac, placez alors les petits lobes sur les gros, enrobez-les et reformez les deux foies gras.

4. Choisissez un papier film qui résiste à la chaleur et découpez un grand carré de 30 cm de côté. Placez un foie au milieu et rabattez par-dessus le film. Recommencez cette opération deux fois afin d'obtenir un emballage bien scellé.

5. Portez de l'eau à ébullition dans un couscoussier ou une cocotte avec un panier à vapeur. Disposez-y les deux foies gras, refermez le couvercle et laissez cuire pendant 8 min. Retournez alors le foie gras et poursuivez la cuisson pendant 8 min.

6. Sortez les foies du plat de cuisson et laissez tiédir avant de réfrigérer. Conservez au frais pendant 3 à 4 jours avant de déguster.

CONSEIL

Si vous avez le temps, laissez reposer votre foie gras au réfrigérateur pendant 24 heures assaisonné et emballé avant de le cuire de façon à ce que le sel et le poivre, ainsi que le cognac imprègnent bien les foies gras.

PÂTÉ EN CROÛTE DE FAISAN AU FOIE GRAS

4

PRÉPARATION 45 min | **CUISSON** 1 h 30 | **REPOS** 2 nuits

INGRÉDIENTS

1 faisan totalement désossé et coupé en gros morceaux • 200 g de foie gras mi-cuit • 75 g de poitrine de porc fraîche • 150 g de chair à saucisse • 1 portion de pâte brisée pour pâté en croûte (voir recette p. 17) • 1 œuf • 5 cl de lait • 1 portion de gelée nature (voir recette p. 23) • Sel, poivre **Pour la marinade :** 1 botte de cerfeuil • 1 botte de persil plat • 1 gousse d'ail • 1 échalote • 5 cl de cognac • 5 cl de xérès • 5 cl de porto • 1 branche de thym • 1 feuille de laurier • 2 pincées de muscade en poudre • 1 cuil. à café de sel fin • 1 cuil. à café de poivre noir

1. Préparez la marinade. Effeuillez le cerfeuil et le persil. Épluchez et hachez l'ail et l'échalote. Mélangez tous les ingrédients de la marinade. Coupez en gros lardons la poitrine fraîche et mettez-la avec la chair à saucisse et le faisan dans la marinade. Liez bien tous les ingrédients, vérifiez l'assaisonnement et laissez reposer pendant une nuit au réfrigérateur.

2. Le lendemain, étalez la pâte sur une épaisseur d'un demi-centimètre et garnissez-en un moule à pâté en croûte ou un moule à cake démontable largement graissé. Laissez dépasser la pâte du moule d'un centimètre. Battez l'œuf avec le lait.

3. Coupez le foie gras en bâtonnets. Garnissez l'intérieur de la moitié de la viande. Ajoutez les bâtonnets de foie gras, couvrez de viande et du reste de marinade. Étalez le reste de la pâte pour faire un chapeau et couvrez-en la viande. Badigeonnez du mélange de lait et d'œuf et rabattez le centimètre de pâte qui dépasse sur le chapeau afin de sceller le pâté en croûte. Faites une cheminée au centre (et mettez-y un rouleau de papier d'aluminium afin d'empêcher le trou de se refermer à la cuisson) et des décorations avec les restes de pâte.

4. Enfournez le pâté en croûte à 170 °C (th. 5-6) pendant 1 h 30. Lorsque le pâté en croûte est cuit, sortez-le du four et laissez-le tiédir avant de couler au centre de la gelée. Laissez à nouveau reposer pendant une nuit au réfrigérateur. Le lendemain, démoulez et servez.

TERRINE D'ARTICHAUTS & DE FOIE GRAS

8 à 10 | **PRÉPARATION** 40 min | **CUISSON** 10 min | **REPOS** 1 nuits

INGRÉDIENTS

1 terrine de foie gras classique (voir recette p. 112) • Une demi-douzaine de fonds d'artichauts surgelés • 1 portion de gelée (voir recette p. 23) • 5 cl de madère • 1 citron • 1 cuil. à soupe de farine • Sel, poivre

1. Faites chauffer la gelée avec le madère et réservez.

2. Portez de l'eau salée à ébullition. Ajoutez le jus de citron et la farine. Plongez-y les fonds d'artichauts et laissez cuire pendant environ 10 min. Il faut que la pointe d'un couteau s'y enfonce sans rencontrer de résistance. Égouttez et réservez.

3. Démoulez la terrine de foie gras et retirez l'excédent de graisse. Coupez les fonds d'artichauts et le foie gras en fines tranches de la même épaisseur.

4. Tapissez un petit moule à cake de papier film et versez un fond de gelée. Alternez alors les couches de foie gras et d'artichauts jusqu'à l'épuisement des ingrédients. Tassez doucement. Versez alors en un mince filet la gelée de façon à ce qu'elle passe entre les couches.

5. Couvrez et laissez reposer pendant 1 nuit au réfrigérateur avant de démouler et de servir.

CONSEIL

Accompagnez cette terrine avec un chutney d'abricots (voir recette p. 144).

TERRINE DE FOIE GRAS POÊLÉ

8 à 10 | **PRÉPARATION 30 min** | **CUISSON 5 min** | **REPOS 3 à 4 jours**

INGRÉDIENTS

2 foies gras de canard (de 400 g chacun environ) déveinés • 1 cuil. à café rase de sucre • 2 cuil. à café rase de sel fin • 10 tours de moulin à poivre • 10 cl de porto rouge

1. Dans un petit bol, mélangez le sucre, le sel et le poivre. Versez le porto dans une assiette creuse et ajoutez le mélange précédent.

2. Découpez les foies gras en tranches épaisses d'au moins 1 cm et en biais.

3. Faites chauffer une poêle. Passez les tranches une à une dans le porto assaisonné et faites-les griller dans la poêle pendant 1 à 2 min par côté. Retournez-les délicatement et disposez-les dans une terrine en tassant bien afin que l'excès de gras s'évacue sur le dessus.

4. Faites ainsi griller toutes les tranches de foie et terminez la terrine. Tassez bien et laissez s'affiner le goût au réfrigérateur pendant 3 à 4 jours avant de consommer.

CONSEIL

Il est essentiel que la poêle soit très chaude, de façon à saisir et donc griller très vite le foie, tout en gardant le cœur presque cru qui finira de cuire doucement dans la terrine.

PRESSÉ DE FOIE GRAS AUX LÉGUMES

8 à 10 | PRÉPARATION 20 min | CUISSON 30 min | REPOS 6 h

INGRÉDIENTS

½ terrine de foie gras classique (voir recette p. 112) • 3 carottes • 3 navets • 2 poireaux • 3 tablettes de bouillon de bœuf bio • 100 g de haricots verts • ½ portion de gelée (voir recette p. 23) • Sel, poivre

1. Épluchez les carottes et les navets. Nettoyez les poireaux et retirez la partie vert foncé. Dans une grande cocotte, portez à ébullition 2 l d'eau avec un peu de poivre et les bouillons cubes. Faites cuire séparément tous les légumes. Ils sont cuits quand la pointe d'un couteau s'y enfonce sans résistance. Laissez tiédir les légumes.

2. Tapissez le moule de papier film. Coupez les poireaux, les carottes et les navets dans le sens de la longueur. Vous devez obtenir de longues bandes de poireaux ; disposez-les dans le moule de façon perpendiculaire afin de pouvoir y enfermer la terrine.

3. Démoulez la terrine de foie gras et retirez l'excédent de graisse. Coupez-le en fines tranches. Disposez-en une couche sur les poireaux. Ajoutez une couche de carottes, du foie gras, des navets, du foie gras, des haricots verts et du foie gras. Pressez et versez très doucement de la gelée. Il faut qu'elle remplisse les espaces vides, servant ainsi de colle. Rabattez les bandes de poireaux dessus.

4. Laissez alors reposer pendant 6 h au réfrigérateur. Démoulez la terrine, retirez le papier et découpez délicatement des tranches avant de servir.

CONSEIL

Vous pouvez enrichir cette recette en ajoutant une couche de viande à pot-au-feu cuite et effilochée.

FOIE GRAS POCHÉ AU TORCHON

8 à 10 | **PRÉPARATION** 20 min | **CUISSON** 30 min | **REPOS** 2 jours

MATÉRIEL

Torchons ou mousselines • Ficelle de cuisine

INGRÉDIENTS

2 foies gras de canard de 400 g chacun environ • 1 cuil. à café rase de sucre • 5 cl de vin blanc doux (muscat, sauternes, monbazillac...) • 3 cm de gingembre frais • 2 tiges de citronnelle • 2 litres de bouillon de volaille • 2 cuil. à café rase de sel fin • 10 tours de moulin à poivre

1. Commencez par déveiner les foies gras (voir technique p. 14). Dans un petit bol, mélangez le sucre, le sel et le poivre.

2. Assaisonnez les lobes de foies en n'oubliant aucune partie. Ajoutez le vin doux, placez alors les petits lobes sur les gros, enrobez-les et disposez-les sur deux torchons ou mousselines et serrez bien. Ficelez les torchons comme des bonbons avec de la ficelle de cuisine.

3. Coupez en gros morceaux le gingembre et la citronnelle. Portez le bouillon à ébullition avec le gingembre et la citronnelle et laissez cuire pendant 10 min afin que les épices aient bien le temps d'infuser.

4. Baissez le feu pour que l'eau soit frémissante et plongez les torchons dans l'eau. Placez du poids sur les torchons afin qu'ils restent bien immergés dans l'eau. Laissez cuire pendant 20 min.

5. Retirez la casserole du feu et placez-la dans un bac d'eau froide afin que la température baisse rapidement.

6. Lorsque l'eau est à température ambiante, égouttez les torchons et disposez-les dans un plat fermé. Laissez le goût s'affiner pendant 2 jours avant de retirer les torchons et de les couper en tranches.

CONSEIL

Servez ce foie gras avec un sirop de vinaigre balsamique. Pour cela, faites réduire aux deux tiers environ 50 cl de vinaigre balsamique. Il doit avoir une consistance sirupeuse qui fera se concentrer le goût d'épice. Laissez-le refroidir avant d'en mettre quelques gouttes sur les tranches de foie gras.

FOIE GRAS POCHÉ AU VIN ÉPICÉ

8 à 10 | **PRÉPARATION** 20 min | **CUISSON** 20 min | **REPOS** 1 nuit

INGRÉDIENTS

2 foies gras de canard de 400 g chacun environ • 1 cuil. à café rase de cassonade • 2 cuil. à café rase de sel fin • 10 tours de moulin à poivre • 10 cl de porto rouge • 1,5 l de vin rouge • Les zestes de 1 orange et de 1 citron • 2 bâtons de cannelle • 4 étoiles de badiane • 1 cuil. à café de mélange 5 baies

1. Commencez par déveiner les foies gras (voir technique p. 14). Dans un petit bol, mélangez la cassonade, le sel et le poivre.

2. Assaisonnez les lobes de foies en n'oubliant aucune partie. Arrosez-les de porto et placez alors les petits lobes sur les gros, enrobez-les et laissez reposer le temps de préparer le vin aux épices.

3. Dans une grande casserole, portez le vin à ébullition afin que l'alcool s'évapore, baissez alors le feu et ajoutez les zestes et les épices (cannelle, badiane, 5 baies). Laissez infuser à petit bouillon pendant 10 min.

4. Mettez les foies gras dans le vin et laissez cuire à frémissement pendant 10 min. Coupez le feu et débarrassez délicatement les foies dans un plat. Couvrez de vin et laissez refroidir à l'air libre. Placez le tout au réfrigérateur et laissez à nouveau reposer pendant une nuit. Le vin doit couvrir les foies.

5. Le lendemain, égouttez les foies, épongez-les et coupez en tranches avant de servir.

CONSEIL

La recette de vin est assez similaire à celle du vin chaud mais il n'est pas nécessaire de sucrer le vin. En revanche, vous pouvez ajouter des épices comme des clous de girofle, de la muscade, du gingembre ou de la cardamome verte. Quel que soit votre choix, laissez d'abord cuire le vin afin que les épices infusent bien.

TERRINE DE FOIE GRAS AUX POIRES

8 à 10 | **PRÉPARATION 40 min** | **CUISSON 15 min** | **REPOS 1 nuit**

INGRÉDIENTS

½ terrine de foie gras classique (voir recette p. 112) • 3 à 4 poires Doyenne du Comice • 25 cl de monbazillac ou un vin doux du Bordelais (sauternes, loupiac....) • 1 cm de gingembre frais • 15 cl de gelée maison (voir page 23) • Sel, poivre

1. Épluchez les poires, coupez-les en quartiers et retirez le cœur. Mettez les quartiers dans une petite casserole et arrosez de vin blanc. Épluchez et râpez le gingembre. Ajoutez-le aux poires. Il faut que le vin surnage légèrement. Si ce n'est pas le cas, ajoutez un peu d'eau. Portez doucement à ébullition et laissez cuire à couvert pendant 12 à 15 min jusqu'à ce que les poires soient fondantes. Coupez le feu, retirez-les délicatement de la casserole et laissez refroidir.

2. Mélangez 10 cl de jus de cuisson avec 15 cl de gelée.

3. Démoulez le foie gras et retirez l'excédent de graisse. Coupez les poires et le foie gras en fines tranches de la même épaisseur.

4. Tapissez un petit moule à cake de papier film et versez un fond de gelée. Alternez alors les couches de foie gras et de poires jusqu'à l'épuisement des ingrédients. Tassez doucement. Versez alors en un mince filet la gelée de façon à ce qu'elle passe entre les couches. Couvrez et laissez reposer pendant 1 nuit au réfrigérateur avant de démouler et de servir.

CONSEILS

Servez cette terrine avec des amandes effilées que vous ferez griller dans une poêle sans matières grasses et sans cesser de les remuer. Dès qu'elles commencent à colorer, retirez-les immédiatement de la poêle. Ce foie gras ira aussi très bien avec des noisettes grillées.
Vous pouvez aussi faire un sirop de vinaigre de champagne. Pour cela, faites réduire aux deux tiers environ 50 cl de vinaigre de champagne. Vous obtiendrez un sirop de couleur jaune-orange, piquant et sucré en même temps.

TERRINE DE FOIE GRAS POÊLÉ AUX POIREAUX

4 à 6 | **PRÉPARATION** 20 min | **CUISSON** 20 min | **REPOS** 24 h

INGRÉDIENTS

1 foie gras de canard de 500 g environ déveiné (voir p. 14) • Une douzaine de poireaux de petites tailles • 3 tablettes de bouillon de bœuf bio • ½ portion de gelée (voir recette p. 23) • Sel, poivre

1. Nettoyez les poireaux et retirez la partie vert foncé. Dans une grande cocotte, portez à ébullition 2 l d'eau avec un peu de poivre et les bouillons. Faites cuire les poireaux. Ils sont cuits quand la pointe d'un couteau s'y enfonce sans résistance. Plongez-les alors dans l'eau froide et mettez-les la tête en bas dans un égouttoir afin qu'ils s'égouttent. Pressez-les même délicatement.

2. Tapissez un moule de papier film. Coupez 1 poireau en deux dans le sens de la longueur. Vous devez obtenir de longues bandes de poireaux ; disposez-les dans le moule de façon perpendiculaire afin de pouvoir y enfermer la terrine.

3. Coupez le foie gras en biais en tranches d'1 cm d'épaisseur. Assaisonnez chaque tranche avec du sel et du poivre.

4. Dans une poêle très chaude, faites revenir très vite les tranches de foie en comptant 1 min de chaque côté, puis disposez-les sur du papier absorbant.

5. Dans votre terrine, disposez une couche de poireaux, une couche de foie gras, des poireaux, du foie et des poireaux. Versez doucement la gelée afin qu'elle affleure juste au-dessus des poireaux et rabattez les bandes de poireaux qui dépassent.

6. Laissez alors reposer pendant 24 h au réfrigérateur. Démoulez la terrine, retirez le papier et découpez délicatement des tranches avant de servir.

CONSEIL

Servez cette terrine avec une vinaigrette réalisée avec du vinaigre de cidre (3 cuil. à soupe), de la moutarde de Dijon, de l'huile végétale (3 cuil. à soupe) et de l'huile de noix (3 cuil. à soupe). Saupoudrez aussi vos tranches de quelques cerneaux de noix.

PICKLES, SAUCES, CHUTNEYS & ACCOMPAGNEMENTS

CORNICHONS MAISON

2 POTS | **PRÉPARATION 20 min** | **CUISSON 5 min** | **REPOS 1 semaine**

INGRÉDIENTS

1 kg de petits cornichons • 1 poignée d'oignons grelots • 4 branches d'estragon • 1 cuil. à soupe de graines de moutarde • 1 cuil. à soupe de mélange 5 baies • 50 cl de vinaigre blanc

1. Rincez les cornichons et frottez-les entre eux dans vos mains. Épluchez les oignons grelots.

2. Dans deux pots, répartissez les cornichons, les oignons, les branches d'estragons, les graines de moutarde et les 5 baies.

3. Dans une casserole, portez à ébullition le vinaigre et la même quantité d'eau. Versez immédiatement sur les cornichons. Ils doivent être recouverts de liquide.

4. Refermez les pots, retournez-les et laissez reposer. Lorsqu'ils sont à température ambiante, retournez-les et laissez reposer pendant 1 semaine au frais avant de déguster.

CONSEIL

Certaines recettes ne font pas chauffer le vinaigre, elles font dégorger dans le gros sel les cornichons. Ces recettes ne stockent pas les pots au réfrigérateur, mais les cornichons sont bien moins croquants qu'avec cette recette, et moi j'adore les cornichons qui croquent.

GIROLLES CONFITES

1 POTS | **PRÉPARATION 30 min** | **CUISSON 10 min** | **REPOS 48 h**

INGRÉDIENTS

400 g de petites girolles • 2 gousses d'ail • 2 échalotes • 2 feuilles de laurier • 25 g de beurre • 40 cl de vinaigre de vin rouge • Sel, poivre

1. Nettoyez les girolles et retirez les débris de mousses ou de feuilles. Séchez-les délicatement. Épluchez et émincez l'ail et les échalotes.

2. Dans une grande poêle, faites sauter dans le beurre à feu vif les champignons avec l'ail et les échalotes pendant 5 min afin que les girolles perdent leur eau de végétation.

3. Disposez-les ensuite dans un pot avec les feuilles de laurier.

4. Dans une casserole, portez à ébullition le vinaigre et versez-le sur les girolles qui doivent en être complètement recouvertes.

5. Refermez le pot, retournez-le et laissez reposer. Lorsqu'ils sont à température ambiante, retournez-les et laissez reposer pendant 2 jours au frais avant de déguster.

CONSEIL

Vous vous simplifierez grandement la vie en achetant des girolles prêtes à consommer. On en trouve dans les magasins de produits surgelés. Vous pouvez aussi essayer avec des cèpes ou des chanterelles.

CONFITURE D'OIGNONS À LA GRENADINE

2 POTS | **PRÉPARATION** 15 min | **CUISSON** 45 min | **REPOS** 1 nuit

INGRÉDIENTS

1 kg d'oignons jaunes • 50 g de beurre • 200 g de cassonade • 10 cl de crème de cassis • 10 cl de grenadine • 25 cl de vin rouge • Sel, poivre

1. Épluchez et émincez finement les oignons. Dans une grande casserole, faites cuire à feu moyen en remuant souvent les oignons dans le beurre chaud.

2. Lorsque les oignons ont bien réduit, ajoutez la cassonade et mélangez à nouveau. Laissez caraméliser pendant quelques minutes. Versez alors la crème de cassis, la grenadine et le vin rouge. Il faut que le liquide recouvre complètement les oignons.

3. Ajoutez du sel, du poivre et faites cuire à feu doux pendant 25 à 30 min. Il ne doit plus rester de liquide en fin de cuisson. Vérifiez l'assaisonnement.

4. Refermez les pots, retournez-les et laissez reposer. Lorsqu'ils sont à température ambiante, retournez-les et laissez reposer pendant 1 nuit au frais avant de déguster.

CONSEILS

Vous pouvez garder ces pots pendant 8 à 10 jours au réfrigérateur. Par ailleurs, vous pouvez ajouter dans votre recette des raisins secs (environ 1 cuil. à soupe par pot) que vous ajouterez en fin de cuisson.

CONFITURE DE FIGUES AU VINAIGRE

2 POTS | **PRÉPARATION 15 min** | **CUISSON 15 min** | **REPOS 1 h + 1 nuit**

INGRÉDIENTS

500 g de figues noires bien mûres • 1 citron jaune non traité • 250 g de cassonade • 4 cuil. à soupe de vinaigre balsamique

1. Nettoyez les figues et retirez leur pédoncule. Pressez le citron et récupérez le jus. Dans une casserole, mélangez les figues avec la cassonade et le jus de citron, puis laissez reposer pendant 1 h.

2. Mettez la casserole sur le feu et portez à ébullition. Laissez cuire pendant 10 min à feu vif.

3. Il faut que la confiture ressemble presque à une purée. Ajoutez alors le vinaigre balsamique, portez à nouveau à ébullition et répartissez la confiture dans des pots propres.

4. Refermez les pots, retournez-les et laissez reposer. Lorsqu'ils sont à température ambiante, retournez-les et laissez reposer pendant 1 nuit au frais avant de déguster.

CONSEIL

Les meilleures figues que je connaisse sont les figues noires de Solliès. Elles feront la meilleure confiture de figues au monde, n'en doutez pas.

CHUTNEY D'ABRICOTS

2 POTS | **PRÉPARATION 20 min** | **CUISSON 30 min** | **REPOS 1 nuit**

INGRÉDIENTS

500 g d'abricots • 1 gousse d'ail • 2 cm de gingembre • 120 g de sucre de canne • 2 bâton de cannelle • 2 clous de girofle • 1 pincée de piment rouge en poudre • 15 cl de vinaigre blanc • 1 cuil. à soupe d'huile d'arachide • Sel

1. Épluchez et hachez l'ail et le gingembre. Rincez, coupez en deux et dénoyautez les abricots.

2. Faites revenir l'ail et le gingembre dans une poêle dans l'huile pendant 2 à 3 min. Ajoutez alors les abricots, le sucre, les épices et le vinaigre. Mélangez et faites cuire à feu doux pendant 25 min.

3. Au bout de ce temps, la préparation doit ressembler à de la confiture. Vérifiez l'assaisonnement. Versez la préparation dans des pots bien propres.

4. Refermez les pots, retournez-les et laissez reposer. Lorsqu'ils sont à température ambiante, retournez-les et laissez reposer pendant 1 nuit au frais avant de déguster.

CONSEILS

À partir de cette recette, vous pouvez réaliser un chutney de figues ou de mangue. Si vous n'aimez pas le piment, retirez-le simplement de la liste des ingrédients.

UNE MAYONNAISE & PLEIN D'IDÉES

8 à 10

PRÉPARATION
15 min

INGRÉDIENTS

2 jaunes d'œufs extra frais • 1 cuil. à soupe de moutarde de Dijon • 40 cl d'huile végétale • 1 citron jaune • Sel, poivre

Dans un petit saladier, battez les œufs avec la moutarde, puis versez petit à petit en un très mince filet l'huile, en vous aidant d'un fouet ou d'un batteur à main. Versez l'huile au fur et à mesure sans jamais cesser de fouetter ou de mélanger. Lorsque votre mayonnaise est bien prise, ajoutez le jus du citron, du sel et du poivre. Gardez au frais.

D'AUTRES IDÉES À PARTIR D'UNE MAYONNAISE

- **Une sauce mousseline** (un régal avec les terrines aux asperges ou au poulet) : lorsque la mayonnaise est prête, ajoutez deux blancs d'œufs battus en neige.
- **Une sauce tartare** : ajoutez de l'estragon haché, des câpres et des cornichons hachés, de la sauce anglaise Worcestershire, du Tabasco et une pointe de ketchup.
- **Une sauce indienne** : ajoutez 1 botte de coriandre et 2 tomates hachées ainsi que 1 cuil. à café de poudre de curry fort.
- **Un aïoli** : ajoutez dans la mayonnaise 2 gousses d'ail écrasées et remplacez ⅓ de l'huile végétale par de l'huile d'olive.
- **Une sauce verte** : ajoutez dans votre mayonnaise plein d'herbes hachées (cerfeuil, ciboulette, estragon, aneth et persil haché) au point de ne plus voir que du vert.
- **Une sauce qui brûle** : ajoutez une purée de piment (type harissa), 1 jus de citron vert et ½ botte de coriandre fraîche.

CONSEIL

La mayonnaise accompagne à merveille toutes les terrines de poissons, de légumes ou de volaille, c'est-à-dire tout ce qui est maigre. Une mayonnaise se garde aisément 8 jours au réfrigérateur.

COULIS DE TOMATES JUSTE CUITES AU VINAIGRE BALSAMIQUE

8 à 10 | PRÉPARATION 15 min | CUISSON 10 min | REPOS 2 h

INGRÉDIENTS

1 fenouil bulbe • 500 g de tomates bien mûres • 2 brins de basilic • 4 cuil. à soupe de vinaigre balsamique • 1 cuil. à soupe de ketchup • 4 cuil. à soupe d'huile d'olive • Sel, poivre

1. Retirez le trognon et la première côte du fenouil. Émincez finement le cœur. Retirez le pédoncule des tomates et coupez-les en petits morceaux. Effeuillez le basilic.

2. Dans une grande poêle, faites chauffer l'huile, puis faites-y revenir le fenouil en remuant souvent jusqu'à ce qu'il commence à dorer. Ajoutez alors le vinaigre, portez à ébullition et mettez ensuite dans la poêle les tomates, le ketchup, du sel et du poivre.

3. Mélangez et laissez cuire pendant 4 à 5 min. Coupez le feu et ajoutez dans la sauce les feuilles de basilic.

4. Versez le coulis dans le bol d'un mixeur et actionnez le robot jusqu'à ce que votre sauce soit homogène.

5. Passez ensuite au tamis le coulis afin d'obtenir une sauce lisse. Vérifiez l'assaisonnement et laissez refroidir avant de servir.

VARIANTES

Vous pouvez remplacer le basilic dans cette recette par de l'estragon ou du cerfeuil.

PAIN DE CAMPAGNE

1 PAIN | **PRÉPARATION 30 min** | **CUISSON 30 min** | **REPOS 4 h**

INGRÉDIENTS

500 g de farine complète • 1 cuil. à café de miel • 30 cl d'eau tiède • 20 g de levure de boulanger fraîche (ou un sachet de levure sèche) • 10 g de sel (soit 1 cuil. à soupe rase)

1. Dans un saladier, déliez 100 g de farine avec le miel, l'eau tiède (aux environs de 40 °C, c'est la température d'un bain chaud) et la levure. Laissez reposer recouvert d'un chiffon humide pendant 1 h afin d'activer les levures.

2. Ajoutez ensuite le reste de farine, le sel et mélangez jusqu'à ce que vous obteniez une pâte homogène. Continuez alors à pétrir la pâte en la roulant et en l'écrasant pendant 10 min.

3. Disposez la boule de pâte sur une planche farinée, saupoudrez de farine, couvrez d'un chiffon humide et laissez reposer encore 1 h.

4. Pétrissez à nouveau la pâte pendant 10 min. Façonnez-la en boule, incisez profondément une croix au centre et laissez lever pendant 2 h. Il faut que la pâte double de volume au minimum.

5. Préchauffez le four à 180 °C (th. 6) avec un ramequin d'eau dedans. Enfournez le pain et faites-le cuire pendant 30 min.

6. Sortez le pain du four, posez-le sur une grille et laissez refroidir avant de servir.

D'AUTRES IDÉES POUR FAIRE :

- **Du pain aux noix** : ajoutez 2 cuil. à soupe d'huile de noix et 100 g de cerneaux de noix au deuxième pétrissage ;

- **Du pain au vin rouge et aux lardons** : remplacez 10 cl d'eau par 10 cl de vin rouge que vous aurez fait bouillir auparavant et ajoutez 100 g de lardons fumés ;

- **Du pain aux amandes et au saucisson** : ajoutez 100 g d'amandes blanchies et 100 g de saucisson sans la peau et taillé en bâtonnets au deuxième pétrissage.

PAIN À LA CHÂTAIGNE

1 PAIN | **PRÉPARATION 30 min** | **CUISSON 30 min** | **REPOS 4 h**

INGRÉDIENTS

100 g de farine blanche de base type T45 • 1 cuil. à soupe de miel • 30 cl d'eau tiède • 20 g de levure de boulanger fraîche (ou un sachet de levure sèche) • 200 g de farine complète • 200 g de farine de châtaigne • 10 g de sel (soit 1 cuil. à soupe rase)

1. Dans un saladier, déliez 100 g de farine blanche avec le miel, l'eau tiède (aux environs de 40 °C, c'est la température d'un bain chaud) et la levure. Laissez reposer recouvert d'un chiffon humide pendant 1 h afin d'activer les levures.

2. Ajoutez ensuite les autres farines, le sel et mélangez jusqu'à ce que vous obteniez une pâte homogène. Continuez alors à pétrir la pâte en la roulant et en l'écrasant pendant 10 min.

3. Disposez la boule de pâte sur une planche farinée, saupoudrez de farine, couvrez d'un chiffon humide et laissez reposer pendant encore 1 h.

4. Pétrissez à nouveau la pâte pendant 10 min. Façonnez-la en boule, incisez profondément une croix au centre et laissez lever pendant 2 h. Il faut que la pâte double de volume au minimum.

5. Préchauffez le four à 180 °C (th. 6) avec un ramequin d'eau dedans. Enfournez votre pain et faites-le cuire pendant 30 min.

6. Sortez le pain du four, posez-le sur une grille et laissez refroidir avant de servir.

CONSEIL

Vous pouvez enrichir cette recette de pain en y ajoutant 100 g de fromage de chèvre sec coupé en petits dés ou 100 g d'une tomme.

TABLE DES RECETTES

U

DANS LA MÊME COLLECTION

FAIT MAISON

Apéros
Apéros dînatoires
Barbecue et plancha
Barbecue et plancha veggie
Biscuits et petits gâteaux
Bocaux, compotes et confitures
Chocolat
Classiques d'hier et aujourd'hui
Cocktails, jus et liqueurs
Cocottes et mijotés
Confitures, gelées et marmelades
Cuisine express
Enfants : mon premier livre de cuisine
Étudiants
Foie gras et terrines
Fumaisons et salaisons
Gâteaux
Gâteaux de maman
Glaces, sorbets et granités
Grands classiques sucrés
Gratins et tians
Les nouveaux gâteaux du dimanche
Macarons & meringues
Mes cocottes qui mijotent, qui mijotent
Pains & viennoiseries
Pasta à l'italienne
Pizzas, quiches et cakes
Plats pour 4 à moins de 5 euros
Plats préparés à l'avance
Plats uniques
Poêlées complètes
Poissons & fruits de mer
Provence
Quiches, cakes & co
Recettes anti-gaspi
Recettes au robot cuiseur
Recettes pour bébés (0-3 ans)
Salades
Sans cuisson
Sauces, chutneys et marinades
Soupes et veloutés
Tartes
Tout chocolat
Wok

FAIT MAISON D'AILLEURS

Amérique du Sud

Asie

Cuisine créole

Enfants : mon premier livre de cuisine, recettes du monde

Espagne

États-Unis

Grèce

Inde

Italie

Japon

Maroc

Thaïlande

Vietnam

FAIT MAISON FRANCE

Bretagne

Provence

Recettes ch'tis

FAIT MAISON BON & SAIN

Anticholestérol

Anti-oxydants

Cuisiner sans gluten

Détox

Graines, céréales et légumineuses

IG bas

Pains et pâtisseries sans gluten

Plats uniques Veggie

Recettes Anticholestérol

Sans gluten

Sans lactose

Soupes Green & Detox

Vegan

Végétarien

REMERCIEMENTS

Christine Marquet remercie :

Revol, Céramique Pascale Naessens chez Ailleurs Boutique, Céramique Defne Samman chez Ailleurs Boutique, Monoprix, Porcelaine Blanche, Faïence de Luneville, Laguiole, Opinel, Guy Degrenne, Christofle, Eternum, Albert Italy, Stainless Steel, Muji, Habitat, BHV, Zara Home, Pomax, Le Parfait, Edelman BV, Casa Vivante, Résonances, De Bouche à Oreille.

58, rue Jean Bleuzen – 92178 Vanves Cedex

Pour l'éditeur, le principe est d'utiliser des papiers composés de fibres naturelles, renouvelables, recyclables et fabriqués à partir de bois issus de forêts qui adoptent un système d'aménagement durable. En outre, l'éditeur attend de ses fournisseurs de papier qu'ils s'inscrivent dans une démarche de certification environnementale reconnue.

Direction : Catherine Saunier-Talec
Responsable éditoriale : Lisa Grall
Éditrices : Chloé Blanche et Jeanne Mauboussin
Responsable artistique : Cecilia Rehbinder
Réalisation intérieure : Les Paoistes
Fabrication : Amélie Latsch
Responsable partenariats : Dana Lichiardopol (dlichiardopol@hachette-livre.fr)

Dépôt legal : novembre 2021
68-2893-2
ISBN : 978-2-01-946045-7
Impression : Rotolito S.p.a., Italie

Retrouvez-nous
sur Facebook :
facebook.com/hachette cuisine

PAPIER À BASE DE FIBRES CERTIFIÉES

hachette PRATIQUE s'engage pour l'environnement en réduisant l'empreinte carbone de ses livres. Celle de cet exemplaire est de :
1,6 kg éq. CO_2
Rendez-vous sur
www.hachette-durable.fr

John Moores Painting Prize 2023

In partnership with

Walker Art Gallery

JOHN MOORES · PAINTING PRIZE TRUST · ESTD 1957

Contents

Cover image: Graham Crowley, *Light Industry* (Detail)

Foreword

We launched the call for entries for this John Moores Painting Prize competition in February 2023. There was an outstanding response, with a record-breaking 3,357 entries. This says a lot about the importance of the Prize to artists, recognition of its influence on careers and, of course, the love of painting as a medium. Following its founding principles, established in 1957 by Sir John Moores and the Walker Art Gallery, Liverpool, it continues to bring together emerging and established artists and showcases the best contemporary painting in the UK.

The Prize has been a hugely important factor in the development of the Walker's post-war painting collection. Nearly all the first prize-winning paintings have been acquired for the Gallery's permanent collection, giving visitors the opportunity to see one of the UK's best groups of contemporary painting.

As ever, delivery of the competition has been made possible by the hard work and support of many individuals and organisations. We would like to thank all who contributed in some way, especially our wonderful jury of Alexis Harding, Chila Kumari Singh Burman MBE, Marlene Smith, The White Pube, and Yu Hong. They generously gave their time and thinking to every work submitted, finally selecting 70 paintings for the exhibition. Judging is never easy, but they approached it with enviable enthusiasm and diligence. Thanks also go to Sir Peter Blake for his generous patronage of the Prize and to the John Moores Painting Prize Trust for its ongoing support.

This year the Lady Grantchester Prize is launched, aimed at emerging artists and recent graduates. Funded by a bequest from Sir John Moores' daughter – an avid and loyal supporter of the Prize and previous chair of the Trust — and the Grantchester family, it is sponsored by Winsor & Newton, and includes a residency and materials to support the artist in developing their practice. We also thank our Visitors' Choice Prize sponsor, Rathbones, and our hotel partner, Radisson RED. Finally, we would like to thank all the artists who entered the competition, ensuring our jury could view and discuss an extraordinary, inspiring breadth of work. It was such an honour for us all to take in this feast of creative talent.

Alongside the UK artworks we are showing the five prize-winning paintings from John Moores Painting Prize China 2022, selected by the jury Clare Woods, Daniel Sturgis, Liu Ye, Rosalind Nashashibi and Tan Ping.

We hope you enjoy this celebration of painting.

Barney Moores, Chair, John Moores Painting Prize Trust
Sandra Penketh, Executive Director of Art Galleries and Collections Care, National Museums Liverpool

The jury

From left to right: Yu Hong, Chila Kumari Singh Burman MBE, Alexis Harding, Marlene Smith, The White Pube (Gabrielle de la Puente and Zarina Muhammad)

© Robin Clewley

Yu Hong

Yu Hong was born in Xi'an, China. In the 1980s she studied oil painting at the Central Academy of Fine Arts (CAFA) in Beijing. Since 1988 she has been a teacher in CAFA's oil painting department. The core subject of Yu Hong's paintings has always been human nature, and how human beings grow and exist in our society and world. Using brushstrokes to analyse her characters in depth, Yu Hong's work reflects her interest in and unremitting exploration of turbulent realities.

Alexis Harding

Alexis Harding won first prize at John Moores Painting Prize 2004. His work emerged as an antagonistic and unruly take on abstract painting in the 1990s and has developed into a wider practice that explores and celebrates the meeting points between abstraction and representation. One of the most innovative and driven makers of his generation, Harding's practice aims to reinvigorate the possibilities of painting. His work has been shown internationally since 1995. Alexis also teaches at the University of East London where he is MA Fine Art course leader.

Chila Kumari Singh Burman MBE

Chila Kumari Singh Burman is celebrated for her radical feminist practice which examines representation, gender and cultural identity. She works across a wide range of media including printmaking, drawing, painting, installation and film. Born in Bootle, Liverpool to Punjabi-Hindu parents, she was a key figure in the British Black Arts movement in the 1980s. Continually seeking to break stereotypes and emancipate the image of women, she often uses self-portraiture as a tool of empowerment and self-determination. Burman was selected to complete the Tate Britain Winter Commission in 2020.

Marlene Smith

Marlene Smith is an artist, curator and founding member of Blk Art Group. She convenes the Black British Art research group, part of the British Art Network, a Subject Specialist Network led by the Paul Mellon Centre for Studies in British Art and Tate. She was co-curator for Nation's Finest, Putting Down Roots & Birthing (2021–22) and associate of the Making Histories Visible Archive at UCLan (2017–20). She was UK Research Manager for Black Artists and Modernism, University of the Arts London (2015–17) and Director of Public Gallery, West Bromwich (2001–09). Since 2017, Smith has been an associate artist at Modern Art Oxford.

The White Pube

The White Pube is the collaborative identity of Zarina Muhammad and Gabrielle de la Puente under which they publish reviews and essays on art, games, books and the wider cultural industries. Since launching in October 2015, The White Pube have gained an international readership and social media following through their work in embodied criticism and institutional critique. Gabrielle is from and based in Liverpool, Zarina is from and based in London. Together, they run a Successful Funding Application Library, distribute the Creatives Grant, a monthly grant funded by Creative Debuts for working class creatives, and a weekly blog/podcast.

First prize winner

Graham Crowley

Prize winners

Nicholas Baldion

Emily Kraus

Damian Taylor

Francisco Valdes

Lady Grantchester Prize winner

Emma Roche

Artists

Dale Adcock
Tim Allen
Linda Aloysius
Tahira Asghar
Mollie Balshaw
Ella Belenky
Lulu Bennett
Richard Burton
Danny Cameron
Deepa Chudasama
Noemi Conan
Dan Coombs
Rhys Coren
Mark Corfield-Moore
Martyn Cross
Richie Culver
William Drummond
Ryan Durrant
Jack Foster
Ray Gill
Magdalena Gluszak-Holeksa
Golden Family
Gina Hammersley
Christopher Hanlon
Christopher Hanson
Dereck Harris
Harriet Mena Hill
Leo Holloway
Ben Hughes
Reece Jones
Betsey Kilpatrick
Helen Kincaid
Michael Lacey
Dale Lewis
Angela Lizon
W.K. Lyhne
Henry Miller
Chris Milsom
Reuben Murray
Richard Phoenix
Emma Price
Yin Yung Sabrina Pun
Samantha Rebello
Phil Redford
Zachariah Riley
Francisco Rodriguez
Stevie Ronnie
Michael Samuels
Elinor Stanley
Amy Steel
Alan Stewart
Mimei Thompson
Emma Tod
Covadonga Valdes
Jack Vickridge
Lorna May Wadsworth
Julian Wakelin
Casper White
John Whitehill
Joanna Whittle
Suzy Willey
Reed Wilson
John Wood and Paul Harrison
Tom Woolner

First prize winner

Graham Crowley

Born 1950 in Romford, Essex

Light Industry
2022
Oil on canvas
152 x 178 x 4 cm

I paint shadows. I'm intrigued by luminosity in painting. This is the driving force behind *Light Industry.*

I've always been fascinated by paintings like those of Manet. The way in which the image and the painting can be seen simultaneously – fused together as a single luminous entity. This remarkable duality is one of painting's defining characteristics.

I discovered my subject during a visit to Andy Tiernan Classics, a motorcycle dealer in Framlingham. It's part workshop, part counter-cultural 'museum'. What I found enthralling about the place was the light; a diffused, dusty kind of light that emanated from a grubby, obscured skylight. I thought this significant because I regard light as synonymous with life, as painting's equivalent.

Creativity and class are long-standing preoccupations of mine, and one of the ways I've discovered to navigate these complex issues is by adopting a variety of graphic devices. In this case, it's the low-tech duotone. My intention is to make paintings that are both luminous and their own object. This dictates the way I paint. I apply Payne's Gray pigment directly into the medium. Wet into wet, then glaze.

Prize winner

Nicholas Baldion

Born 1990 in London

Social Murder: Grenfell In Three Parts
2023
Oil on board
201 x 138 x 8 cm (closed)
201 x 275 x 8 cm (open)

Social Murder: Grenfell In Three Parts was not made as decoration. It was made as a weapon. A tool in the fight for Truth, Justice and Change.

The side panels tell the story of what happened, before and after the fire. The middle panel shows Grenfell Tower on the night of the fire.

When the triptych is closed the Green Heart, a symbol of Grenfell, is visible. The writing on the reverse was added by members of the local community; visitors to the painting's first exhibition in North Kensington. It stands as a testimony which is to be added to as the painting continues its journey.

It's unashamedly political art. For a long time there has been a bias, a prejudice against political painting. As Plato would like to ban the poet from the republic, so today there is a desire to ban the artist from making overtly political works.

Of course, a work of art can be successful or not, regardless of the subject matter.

But for me, my most successful artworks are the ones that forced me to find a means, to find the form, to do justice to the subject which moves me completely.

Prize
winner

Emily Kraus

Born 1995 in USA

Stochastic 14
2023
Oil on canvas
170 x 300 x 4 cm

I work inside a cubic scaffold structure around which I stretch a canvas loop. It is a shelter, a constraint, a tabernacle and a boundary. The mechanism itself – rolling bars and canvas with no end – is a metaphor for the cyclical world. To create an organic image within a rigid system, whose nature is to make repetitive marks requires listening, attention and rebellion.

Using this apparatus is like painting with blinders on. I hold the memory of surrounding marks as I focus on what I can see, forcing my eyes to layer linear time, like ears do when composing a musical score.

Emily Kraus | Prize winner

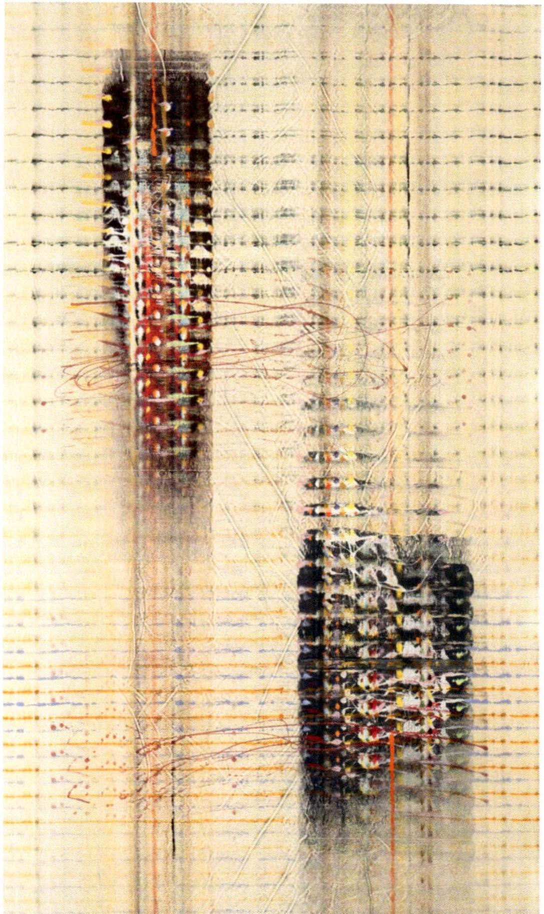

Prize winner

Damian Taylor

Born 1984 in Oxford

Other Light
2023
Pigmented alkyd on aluminium
108 x 120 x 2 cm

Something about time and something about light. And, perhaps most fundamentally, something about unfixing historical attempts to fix things that, in reality, are always in motion. Something about layers and sedimentation – sedimentations of organic life, rock, paint, time. About painting and what it can be in a world saturated with images on screens. Also about photography – its history, its magic, its banality. And a little bit about men explaining things to women.

The work is a negative when lit from above, a positive when lit from the side, with endless scope for play in between. As such, there is no definitive image, but rather a wealth of possibilities. It is unfixed, always becoming.

Prize winner

Francisco Valdes

Born 1968 in Santiago, Chile

Champagne Cascade I
2022
Oil on canvas
175 x 140 x 3 cm

In recent years I have made several series of pictorial works (*Dark Rooms*, *Cascades* and others), which seek to represent optical sensations produced by artificial light and atmospheric conditions. This research was initially related to the questions posed by Denis Diderot in *A Letter on the Blind* (1749), where he observes that blind people are affected by the sensation of air between the fingers, a kind of tactility of light, creating other ways of knowing and learning about objects that speak of the permeability of the senses. When our vision is impeded, our hand extends, and touch projects shapes and textures into our mind. It is possible to recognise objects by feeling their abstract and partial details and extend that experience to a figurative and complete understanding.

From this supposed 'permeability of the senses', my work led me to investigate the – also supposed – permeability of the media. My paintings combine textures, surfaces and colours to produce sensations that images and figures alone would never reach. They have explored the photographic medium from different angles, often disregarding its usual applications (representation, archive, documentation, etc.), choosing to subjectify aspects other than content, such as techniques, materials and processes.

Lady Grantchester Prize winner

Emma Roche

Born 1983 in Ireland

Hurl
2023
Knitted acrylic paint on powder-coated steel frame
210 x 110 x 4 cm

Hurl is part of a series of paintings informed by everyday interruptions. These works are primarily concerned with the mechanics and history of painting and are motivated by abstraction and experimentation.

Images in the work often indicate liquids such as tears and bodily excretions. I am drawn toward the molten qualities of paint and how it is mimetic of these corporeal liquids. In *Hurl*'s case, the image is one of my kids throwing up while wearing their favourite jumper.

My process is slow. I make long lines of acrylic paint, extruded through a syringe onto plastic sheeting, and then lay them out to dry. Once dry, they are peeled off and used as if wool or thread – the paint strands are literally knitted together (with knitting needles) to make the painting. Preliminary drawings on gridded paper are used as craft charts to work from – each square represents a stitch to build the image.

Physically questioning the 'gesture' through this purposefully irreverent and ridiculous use of materials and subverting the heroic history of painting is also of interest.

To me, this process corresponds to the humdrum of daily repetitiveness and physically records and stores time.

Emma Roche | Lady Grantchester Prize winner

Dale Adcock

Born 1980 in Osgathorpe, Leicestershire

Wall
2021
Oil on linen
260 x 200 x 4 cm

Here we stand, excavating sand, our hands slipping from the grasp of our ancestors, our eyes failing to trace the features of those who have gone before. How can you stay alone in a room when your thoughts weigh heavy and messy, slipping like grains through the gaps between your fingers? All my work derives from my imagination, from the quicksilver flashes to the slow, stately emersions, expressing what I can capture in this moody, mutable environment. All my drawings and paintings are woven together by the inspiration revealed when I pay attention, hold my breath and dive.

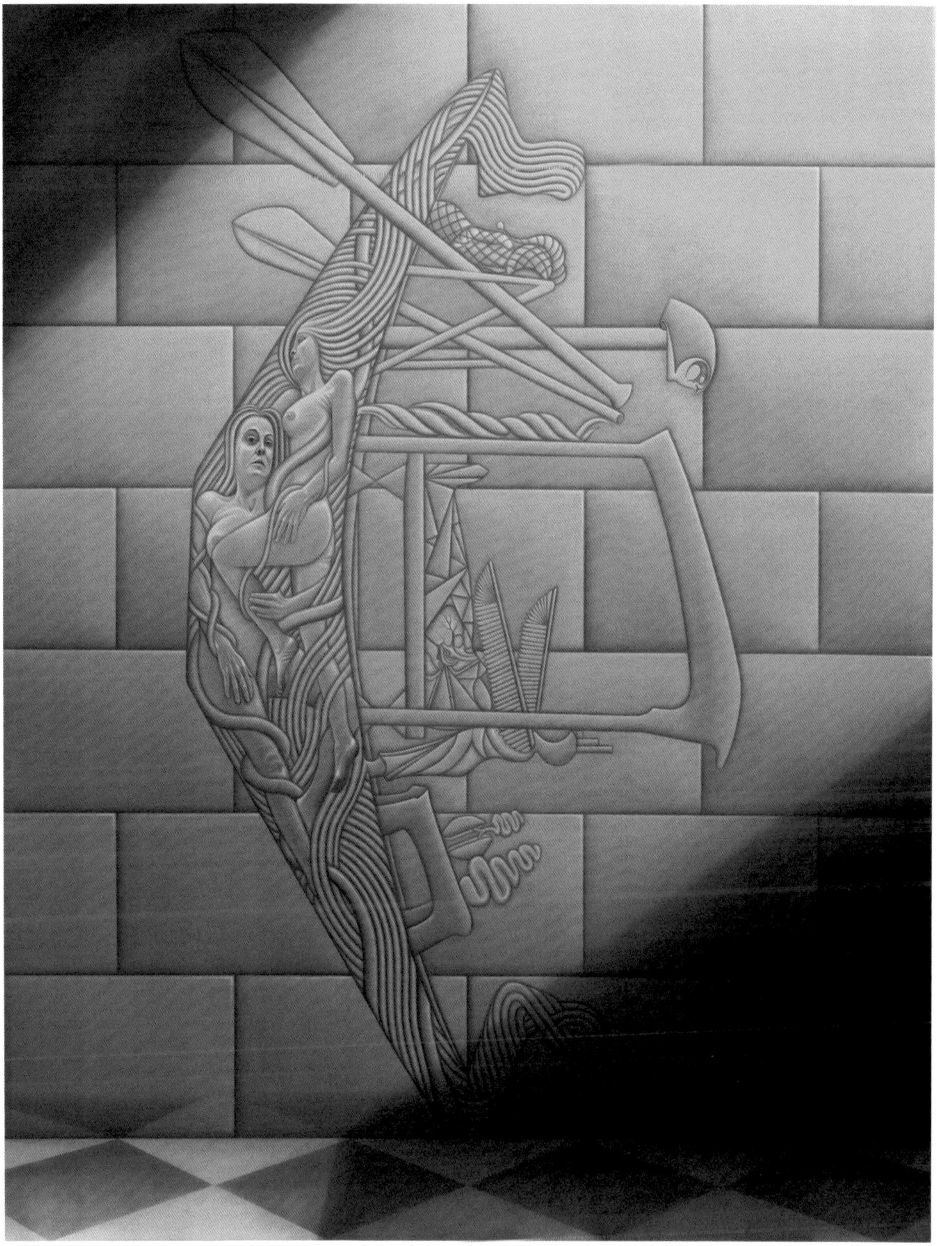

Tim Allen

Born 1950 in Manchester

Dancing the Future Melting the Past
2021
Acrylic on linen
107 x 244 x 5 cm

'It is easy to add capricious and eccentric novelties of style to what exists; but to present some genuine quality of nature for the first time or some new combination of what is already known to Art is the great difficulty: and yet I believe it might be oftener and more easily accomplished than it is, if we would allow the art to lead us to Nature, rather than erect it into a barrier against all in Nature that is not already admitted to its confines. He who believes Nature is not exhausted will, I am convinced, if he truly loves her, find that she is not.'

Charles Robert Leslie
Royal Academy of Arts, 1849

'Praise the Old Gods take them seriously for granted
Jack Wedge accepts all offers up and down the street
Mayhem ensues with a brand new release
Over the fence and behind the eyes, wild animals gather in multitudes
Capture the moment
Colour looks up and down and agrees to no compromise

What has he forgotten?

There is no time left everywhere and the throne tips over and sinks into the great sea'

Tim Allen
Excerpt – *Handel Street Blues*, 2022

Linda Aloysius

Born in Edinburgh

The First Painting in History To Be Recognised By a Public Museum as Painted By a Working-Class Single Mother Artist
2023
Household stains on cotton
49 x 52 x 2 cm

Sweet, can't explain it or where it comes from, playfulness found again and cherished, always within bleakness, poverty, utter despair.

Two tired spoons as hanger, as gallows, and then as tender, downy, living deer ears. Wooden, hard-earned resistance but also keen, twitching, animal attunement, alert and searching for under-the-radar sounds of different, wild, life.

A used tea towel, mass produced, many times washed but still the dirt particles – now painterly pigment – persist, free from shame, to be treasured. Flesh coloured, hanging vulnerable, oddly gorgeous, from quick, rough-sewn threads.

Monochrome. Portrait. Mirror. Mercilessly sliced, internal, dead meat cross-section laid bare, exposed, recoiling. Body and psyche flattened, compressed, machine-woven through by / with / for the patriarchal grid. Every last breath of every living thing muffled, suffocating. But then, delicate, gentle, single, singular, strange, tough, resistant, unlikely, blushing petal unfolding with dancing, giggling ripples.

Absorption of countless brutal hours of invisible labour. Numbing immersion in deadening domesticity. Stains as multiple gathered and clustered bruises of different kinds. Clouded, dark and darkening memories. And then as distant, longed for, to be got there, to be lived there, to be shared there, bountiful landscape of the space of outside.

Tahira Asghar

Born 1996 in UK

TAKE IT ALL TAKE IT ALL TAKE IT ALL
2023
Oil on canvas
140 x 198 x 6 cm

"I hate Indians. They are a beastly people with a beastly religion."
Winston Churchill

(From the diary of Churchill's friend and Secretary of State for India, Leopold Amery, September 1942)

Post-British Raj, the ideas of sexuality in the context of being a woman drastically changed in South Asia. This piece challenges the hyper-sexualization of women and responds to the notion of South Asian heritage having the connotation of being uncivilised or even beastly.

I used the quote attributed to Winston Churchill regarding 'Indians' as a foundation for setting the atmosphere, with two women who are in animal-like stances and suggestively lusting for the barramundi.

Initially, we perceive the barramundi as bait but then we must question the women in the picture regarding the role they play. We have now become a part of this trophic pyramid. The women are also, in fact, a form of bait.

Using myself as a figurative subject within my work is important to me as a South Asian woman. The pieces that are created act to restructure and challenge the narrative of South Asian women and their sexuality.

Mollie Balshaw

Born 1997 in Blackburn

My studio is on the bus
2023
Acrylic paint on bus seat fabric
110 x 78 x 7 cm

‘My studio is on the bus’ is what it says on the seat.

For me, being an artist is one hat of many. I associate being an artist less with places and more with moments; 10 minutes here, 30 minutes there. Big thoughts and best laid plans. Little bursts of energy in my weekly routine. I feel more like an artist on the bus than almost anywhere else. Bus seats are the paintings I get to see all the time.

I like to incorporate the objects that hold my fascination directly in my work, as playful surfaces for my innermost thoughts, ideas, confessions...

I’ve found inspiration over the years from lots of other places outside of the art world that scratch my creative itch in a similar way. Construction. Cake decorating. Home decor. Sometimes a trip to IKEA feels more creatively fulfilling than a gallery visit. Or maybe that’s just the meatballs talking.

MY
IS
THE
STUDIO
ON
BUS

Ella Belenky

Born 1991 in Vermont, USA

Spell
2022
Oil paint, acrylic paint, vintage tea cards and iridescent faux leather on canvas
118 x 102 x 4 cm

I wanted the title of my painting to embody the memory of being in the company of a horse, a creature of enormous power and magnetism. When I was a young girl I rode horses. The bond between beings is undeniable. However, there is also the heightened awareness of one's domestication. The coldness of capitalism cracking the whip; trading the alicorn for a promise of apples.

In the painting the horse is sleeping. A single tear drops from its eye, waiting to be consumed by a flurry of butterflies. The butterflies (once painted) are printed on vintage tea cards placed in a grid upon the horse's face, evoking the contemporary stimulant of social media. There is an entanglement between organisms; a synergy of power and fragility, old and new, inside and outside.

Collage is at the root of these contrasts and is a catalyst for why I make the work that I do. I'm interested in chance encounters, collaborations, and in unexpected connections that occur when placing one thing next to another. These layered forms through which we communicate instil questions surrounding painted, printed, and built matter and the way we learn about the world and each other through it.

Lulu Bennett

Born 1995 in Manchester

Float
2022
Oil on canvas
111 x 150 x 4 cm

My work uses paint as a lucid, fluid means of exploring gender, politics and history. By depicting female figures as historical subjects, I attempt to interrogate histories of femininity and gendered power. As a trans woman painting in 21st-century Britain, my work questions, sometimes subconsciously, how my identity fits into wider conceptions of British femininity. Which parts of this history do I want to embrace, and which do I want to interrogate? I use archival imagery as well as my own photography as sources, hoping to draw parallels between my personal experiences and their historical precedents.

My work also explores transition and the conflicting experience of becoming personally liberated as your body becomes politicised and scrutinised. *Float* is a painting that particularly explores this idea. The subjected is scrutinised, vulnerable and centred in the image, but she is nonetheless free. Water acts as a metaphor for freedom and femininity, and the subject appears held by her own womanhood. The description of water in the painting pushes into abstraction, and the painting contains an abstract band of colour in a sea-blue tone, suggesting a hidden image plane or a moment of poetic pause.

Richard Burton

Born 1984 in King's Lynn

Simulac
2023
Oil and sand on linen
180 x 195 x 4 cm

The notion of world building has become a crucial framework for me in trying to create a visual reality. Modes of transport are often my first point of reference, with their strange upholstered forms, complex lighting and promise of travel.

I feel that technology often leads us towards aspirational living, and painting allows me to distil this desire into a numb, restrained longing. My aim is finding combinations of forms that resonate with the synthetic, while extending our world towards a sci-fi context. In turn, this can help preclude the overly familiar.

Faced with moving vessels and stacked seating, the viewer is often positioned as a passenger. I would like to induce a feeling of seduction mixed with claustrophobia – an awkward blend of excitement and dread. The tropes of sci-fi that really interest me are dystopian: malign technology, social control, the numbing of human instincts... Within this I am always looking for ways to bring about emotional distance and a sense of inertia; the kind of banality suggestive of lounges and waiting rooms.

Richard Burton

Danny Cameron

Born 1981 in Warrington

Madonna and Child
2022
Oil on canvas
111 x 90 x 5 cm

My work is an exploration into the validity of the subject of Painting per se. The approach incorporates both a painterly sensibility and starkly graphic edge, applying pigment in an aggressive yet playful manner, occupying a space somewhere between Figuration and Abstraction.

Referencing elements drawn from a deep understanding of Painting's histories, as well as 'glossy' magazines and cartoons, motifs are passed through personal filters and subsequently deformed. The resultant image feels caricatured, imbued with an irreverent sarcasm.

The paintings embody new realities, playgrounds enabling encounters between multifarious natures, exploring the complex dichotomy between established painting tropes and collaged embodiments, articulating the interplay between conscious/ unconscious thought and desires through the act of painting itself.

A battle ensues to establish a connection to the present; to dive into the bustling sprawl, but also to engage with the past; to bathe in the shadow of the Classical façade.

Often there is an evocation of a Figure/ Figures; ambiguous, they interlope. Elements that allude to the Classical are de-contextualised, presented in a wholly new, somewhat unfamiliar painted realm.

Deepa Chudasama

Born 1976 in Leicester

Cluster Series with Grid
2023
Acrylic on saree
66 x 82 x 2 cm

Cluster Series with Grid is part of an ongoing series of paintings investigating combinations of substrate, bindis, paint and finger marks. My practice draws on inherited colour sensitivities, repetitive mark making, intuition, toil and the readymade, in this case a sari. The dot, spot, bindi, circle motif is at the centre of my practice, referencing Eastern/Western abstraction as well as the universal tradition of sacred mark making.

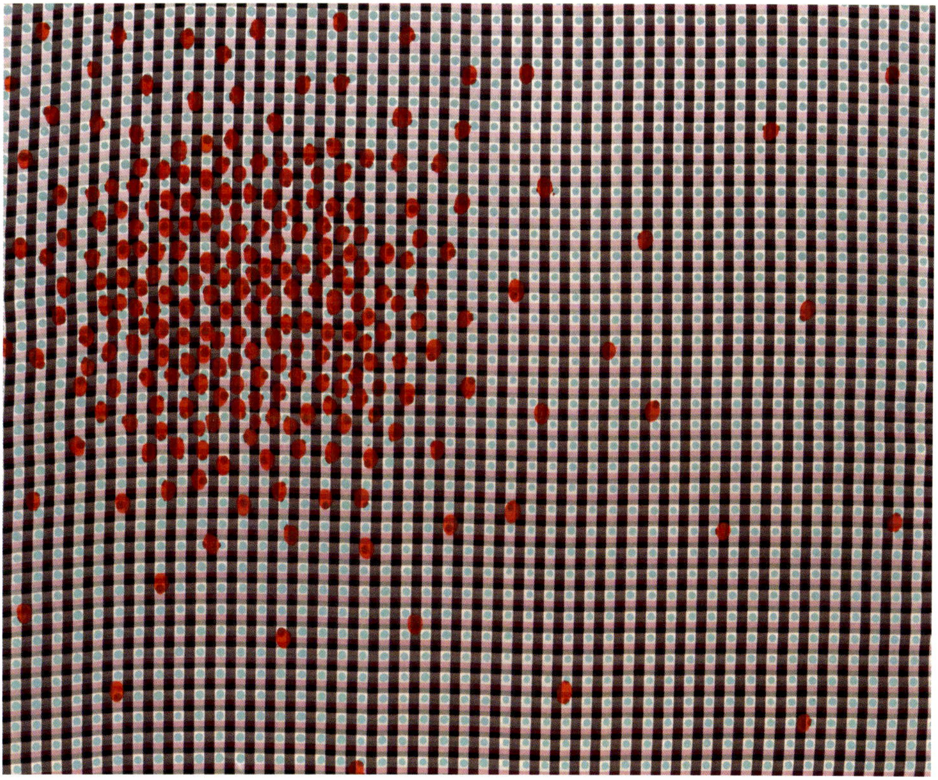

Noemi Conan

Born 1987 in Warsaw, Poland

Sheela Na Gig
2023
Acrylic on canvas
180 x 130 x 2 cm

Noemi Conan, Polish migrant and painter. Lives and works in London. Graduated from Glasgow School of Art and the Royal Drawing School Drawing Year. Forages folk stories, childhood memories, myths and 90s urban legends and folds them into paintings of forest ladies, their cats and coniferous familiars. Doesn't smoke as frequently as she paints smoking. Occupies a lot of space between historical fact and complete fabrication and would like to compile a history of the post-industrial edgelands of Europe. Composes fantasy scenarios where high heel boots are comfortable and suitable for all sporting activities. Recently started inserting British folk into her post-communist girl boss scenarios.

Dan Coombs

Born 1971 in London

Woman in the Park

2021
Oil on canvas
151 x 200 x 3 cm

The study for this painting was made by pouring paint onto thin paper, letting these blobs dry and then composing the picture out of these random, automatic forms. Recognition via Pareidolia[1] and the paranoiac critical method[2], generated an image of a friend who I was fortunate enough to accompany to the park one afternoon in 2020. Her face appeared when a tear in the paper revealed a perfect, beautiful eye. Only her legs were appropriated from a photographic source. The study was followed very precisely in the making of this painting. That afternoon we saw many people exercising their dogs with ball throwers, and although she did not possess one I have depicted her holding one here.

(1) Tendency for perception to impose a meaningful interpretation on a nebulous stimulus

(2) See Salvador Dali

Rhys Coren

Born 1983 in Plymouth

Slicing Time Differently
2023
Enamel, acrylic and pencil on board
36 x 39 x 3 cm

I've developed a rather idiosyncratic way of making paintings. For me, compartmentalising each stage of the process is most productive for how my brain works. I see or experience something and I make a note – a quick sketch with a few words. When I revisit that basic image, along with the annotations, it will evoke a memory of the initial idea. Already that initial 'something' has gone through a filter in my head. I collage different images and notes together, sometimes from different weeks, months or even years (each created by a different me), layering, chopping, reducing, embellishing. In order to translate the collaged drawing of an idea into an actual painting, I digitise the image, which flattens and vectorises it, before cutting the drawing on a laser cutter. Every graphic component of the overall image is chopped into a separate piece of board that sits side by side. I hold each piece, texturing and finely tuning the colour using multiple different tones of enamel. If you zoom in, it looks like a Ben Day dot process. I finish by assembling.

I'm into disco, 90s fashion, David Robilliard's poems and feedback loops. I predominantly work with painting, animation and cut stone.

Mark Corfield–Moore

Born 1988 in Bangkok, Thailand

Sweet Tooth
2021
Painted warp, hand–woven cotton over canvas
173 x 143 x 4 cm

This painting depicts a Thai spirit house, a small architectural building designed to rehome spirits dislodged in the course of redevelopment and construction. All land was settled first by spirits, and Thais believe their interventions must be accounted for. Spirits are enticed and placated by offerings, red Fanta being a common choice. Sugary foodstuffs are understood to attract sweet/kind spirits, thus maintaining peaceful coexistence. It is an everyday ritual that combines both the ancient and the modern and mass–produced.

I am Thai/British and my painting practice utilises weaving. Recently, I have returned multiple times to Thailand to learn traditional *ikat*. But instead of tie–dyeing the image onto the threads as is conventional, I paint directly with dyes onto the warp before it is woven. This alteration allows my drawing or spontaneity of hand to be more immediate and evident in what is usually a rigid or mechanical process. It is winding the warp onto the loom that distorts the painted image. *Ikat* is distinctive due to this specific glitchiness, or what I term 'fizzy heat', just as these spirit houses hover on the threshold between the human and spiritual realms.

RED FANTA

Martyn Cross

Born 1975 in Yate, near Bristol

The Comin' Through
2023
Oil on canvas
112 x 168 x 2 cm

My paintings begin life as simple charcoal drawings, either in a sketchbook or on larger sheets of paper. The doodles are loose and fast, as opposed to the paintings which are more considered and made over much longer periods. The imagery can originate from a range of areas: medieval wall paintings, cartoons, folk tales, fiction writing, human communication, ecological trauma. Anything goes. Using a dry oil paint application, I bother the surface of the paintings until they appear to be grubby, tobacco stained or shopworn. There is an attempt to try and conjure another time or place – a world that's slipping between the cracks. Something that is equal parts frightening, funny and falling apart.

Richie Culver

Untitled

2023
Lacquer on canvas
200 x 180 x 5 cm

WOKE UP IN THE EVENING
PRAY FOR ME
SIX BOTTLES OF URINE STAND LIKE TROPHIES NEXT TO THIS SOFA THAT I CALL A BED
LEAVE YOUR KEYS ON THE TABLE AND DON'T COME HOME
THAT WAS ALL HE WROTE
I CAN'T READ AND I'VE NEVER BEEN ON A PLANE
SO IGNORANCE IS BLISS IN A MIND LIKE THIS
NO PRESCRIPTION NEEDED
NO ADVICE WANTED
UNDERGROUND FLOWER WHAT'S YOUR NAME?
THE LIGHT AT THE END IS A FLAME
THE URINE IN THE BOTTLES OVERFLOW
TIME GOES SLOW
IT'S GONNA BE A GOOD CHRISTMAS THIS YEAR
OUR YEAR
CREDIT CARD FRAUD ON THE HOTTEST DAY OF THE YEAR
THERE'S BEEN A WHITE VAN PARKED OUTSIDE MY MOTHER'S HOUSE ALL YEAR
QUIETLY
KEEPING QUIETNESS AT BAY
I BELIEVE IN GOD WHEN THINGS ARE GOING MY WAY
FRANK SINATRA
MY WAY
PLAY IT AT MY FUNERAL
BUT IT'S THE VOICE INSIDE MY HEAD'S WAY
IT'S ALWAYS BEEN THAT WAY
NEVER BEEN MY WAY
I WANNA EAT AT THOSE POSH RESTAURANTS THAT LET YOU PAY AT THE END
I HOPE GOD DOESN'T MAKE ME PAY AT THE END.

born
died

William Drummond

Born 1991 in London

Here's Looking At You
2023
Oil and acrylic on canvas
118 x 117 x 4 cm

I love all farm animals, especially cows. I love them for their beauty, honesty, scale, variety, strength and their divine being. Cows should be appreciated for their muscle and strength but also for the softness of an eyelash or a windswept lock of hair. The intent with my paintings is to grab the viewer's attention, enabling me to communicate the subject's qualities: honestly, directly, unflinchingly and with awe. When viewing my paintings the invitation is for unadulterated observation and examination.

I live in Petworth, West Sussex. My paintings focus on farm animals, seascapes and landscapes. I studied fashion at New York's FIT, working for multiple fashion labels before returning to the UK. I taught myself to paint in 2021, drawing on my textile and fashion design skills to inform my understanding of colour, texture, light and shade on canvas.

Ryan Durrant

Born 1968 in Guildford

Untitled (HW)
2021
Acrylic on canvas
135 x 365 x 3.5 cm

Made using repetition as a process, the two canvases of *Untitled (HW)* are not repeats. The original subject – a cropped, stylised, gilt-framed print of Constable's *The Hay Wain* — when transferred though repetition, is no longer the same.

The two paintings exist in relation to each other, with all subjectivity effectively abandoned. Each one is singular, solely concerned with the impossibility of repetition. The image becomes an inevitable by-product of the painting, but it remains, it will not go away. The original subject, once translated into another painting, shows repetition making another thing. A new image is created, whose truth is only a work of fiction, defined by transient references to our ever-changing cultural contexts.

The painting is simultaneously representational and abstract. It is an object and an image, both similar and different. And it is in celebration of such contradictions and paradoxes that the painting exists.

Jack Foster

Born 1991 in Coventry

After Fra Angelico
2022
Oil on canvas
92 x 92 x 5 cm

I'm concerned with ideas surrounding natural spaces and modernism in a post-digital context and their existence within the painted image.

The paintings appropriate and mix various visual languages; digital and photographic sections, romantic landscapes and painterly abstractions.

My works contain instances of distortion, overlaid found and invented imagery, collage and disruption of the pictorial plane.

By drawing, rendering and reworking imagery from famous historical paintings and places, I try to disrupt the narrative and context of the subjects' origins.

My paintings attempt to describe the monumental or the revered, the permanent and the temporary, the ethereal and the solid.

Ray Gill

Born 1948 in London

Slide
2021
Oil on canvas
102 x 77 x 2 cm

Slide depicts a post-industrial landscape that has been repurposed as a dangerous playground. A concerned health and safety officer in the foreground looks over a management team-building away day. Painted during the pandemic, the scene references banned gatherings of people and face masks.

My work covers disparate genres from landscape to portrait painting, but as an architect I unsurprisingly draw inspiration largely from buildings and environments that suggest an alternative reality, sometimes incorporating people. The source material for the process of merging the solid three-dimensional realm with the natural world of landscape and people is my own photography and found images from the internet or magazines. The juxtaposition of people within real and imagined environments inevitably creates problems of composition and scale that are resolved through drawing and preliminary studies, together with deliberate and accidental transformations to construct a final painting. Recent visual investigations have involved a new, architecturally-inspired interest in abstract painting alongside my figurative work.

Magdalena Gluszak-Holeksa

Born 1990 in Poland

Her husband didn't die, he just became beautiful
2023
Oil on canvas
90 x 120 x 4 cm

I search for a language to explore impermanence and the non-material. The process of transforming through painting is an enquiry into ambiguity and symbolism – becoming familiar with the hidden, the uncertain and the uncontrollable.

I'm interested in opposites, such as hope and loss, the tension between them, and how these conflicting yet harmonising notions influence the painting process and composition, leading to dissolving or stillness of forms. Shifting between awareness and the subconscious, I wrestle with memories that slip my control and with knowledge that exists beyond my senses.

I'm drawn to cool colour palettes, which echo the nocturnal moods of the natural environment where I grew up. My compositions merge elements of nature, interiors and body details, retaining traces of personal photography and found images — these documented moments collide with inner experiences. The organic forms merge elements of both still life and landscape, alluding to the symbiosis and exchange between the dead organic matter and the living.

Never being fully one thing nor another, but constantly evolving, these new memory landscapes evoke a sense of longing and nostalgia, which prompts me to question the hierarchies of the outer and inner realms.

Golden Family

Matt Golden was born in 1974 in Salisbury, England.
Natsue Golden was born in Hiroshima, Japan in 1976.

Ladders (Dark Blue)
2023
Emulsion, plaster board and wooden ladder
176 x 42 x 7 cm

Golden Family's practice, though stylistically diverse, shares an inherent wit and sensitivity to the human condition and the world we inhabit, often interwoven with a personal narrative.

Their series, *Ladders* (2023), is a collection of old, wooden painter-and-decorator ladders with painted monochrome panels in-filling between the steps. Utilising these found framing devices as integral components of the artwork, the drips and splashes from their original use imbue the newly painted areas with a 'lived' experience of utility and function.

Gina Hammersley

Born 1997 in Northampton

Smile for the Camera
2021
Oil on canvas
92 x 81 x 4 cm

My practice explores memories of childhood, focusing on revealing the underlying darker perspective of traditions and nursery rhymes. By digitally altering found analogue photography during the development of a painting, the audience can connect with real scenarios that expose a sinister side when the entertainment has been designed by adults. Historically, fairy tales were written with formidable characters or details of torture for the purpose of teaching good behaviour or encouraging laughter.

Smile for the Camera reveals the sense of fear within the children during what should be moments of joy and imagination. Their emotions are captured in a fleeting moment and distorted further to suggest the disturbing reality of entertainment. The absence of parental figures in my work questions society's obsession with the digital, especially in scenarios of desperation. Looking towards the hidden figure behind the camera for support, the children are trapped in the arms of an unknown masked rabbit and unable to escape to freedom. The over-exposed palette suggests the horrors of the truth behind the fun, and the uneasiness of the moment in their expression. What we may initially perceive as a memory of happiness may not be as innocent as it seems.

Christopher Hanlon

Born 1978 in Poole, Dorset

Untitled
2022
Oil on linen on wood
50 x 40 x 3 cm

Untitled is a painting of some fabric samples taken from an online industrial marketplace site. It's important to my practice that the images are found, either online or otherwise, as I want them to be appurtenant to the collective in some way. I like the haphazard surprise of stumbling across images out there in mass circulation. Through the process of decontextualisation, the chosen images become unlikely catalysts for timeless explorations around painterly concerns such as abstraction and figuration, colour, form, composition and space.

I've always been drawn to subjects potentially overlooked, anodyne even, because they provide me with an opportunity to elevate the image through the act of sustained looking so pertinent to painting.

Like much of my work, *Untitled* is essentially a still life, a depiction of an inanimate arrangement, but when I think of it historically in the context of the Vanitas it becomes quite complex and speculative, despite its relative visual and formal simplicity.

Christopher Hanson

Born 1980 in Wolverhampton

Ama
2022
Oil on canvas
153 x 107 x 4 cm

Ama is a friend of the family who requested to be painted after seeing a painting of mine in my mother's home. At the time, not really knowing who Ama was, I was a little apprehensive of the kind of portrait that would transpire, but still very keen to do it. Over the next few months I would talk to Ama periodically and even visited her at her home in order to plan the portrait and get a better idea of who she is. I discovered that Ama was a founding member of the East London Black Women's Organisation (ELBWO), started in 1979 to help fight racism and promote inclusiveness within the community. After surviving cancer, Ama found her spiritual path in African spirituality.
In a final twist of fate, Ama started to lose her vision due to glaucoma, eventually losing all sight in one eye. Ama explained to me that even though she cannot see well now she is able to channel her spirituality much better. In the portrait I tried to capture some of the character of Ama, her inquisitive gaze and colourful personality.

Dereck Harris

Born 1962 in Liverpool

Web Zeal
2022
Acrylic on canvas
169 x 300 x 7 cm

The image for my painting is based on a captured video still of a contemporary dance performance, which is then digitally mediated. The painting acknowledges the screen, and the progress bar appears as a reference to the online source.

The figures in the painting could resemble oxidised bronze sculptures, the three entwined figures might also be a 3D-printed simulation of the dancers. The players are acting out a moment of conflict, of heightened anxiety where myth and memory intersect, and exist in an unknowable space, a removed platform in the psychological ether.

The photo-real and painterly aspects of this painting form an opposition, or an axis which works slightly different from the others in this series of digitally-sourced images. Despite the air-brushed CGI-like quality of the clustered torsos, the augmented green-flesh-realism and the manner of painterly execution, the indexical scale of mark-making and resulting *anatomical definition* lend the finished work a recognisably *painterly* finish.

The turned heads and colour mediation result in an ambiguity concerning the identity of the dancers: their gender, ethnicity, and social circumstances remain a mystery. The anatomical muscularity of the torsos, the strain of the pose suggests masculinity... but we cannot be certain.

Harriet Mena Hill

Born 1966 in London

Taplow Shadows: The Aylesbury Fragments
2023
Acrylic on salvaged demolition concrete
28 x 19 x 8 cm

My work is informed by collective memory and how community identity is shaped by shared experience.

Taplow Shadows depicts a housing block on the Aylesbury Estate in south-east London where I have worked with residents since 2018. It is part of an ongoing series called *The Aylesbury Fragments.*

Built in the 1960s to house members of one of the most deprived communities in Britain, the Aylesbury was, at its inception, one of the largest social housing projects in Europe. It is now undergoing 'regeneration' which will see the dispersal of existing residents and the demolition of all 2700 homes.

Taplow Shadows repurposes a concrete fragment salvaged from the demolition of Chiltern House, a residential block on the estate. Painted directly onto the found surface, the history of the object is incorporated into the subject matter. The recoded material challenges the false narrative created in the media which critically undermined the Aylesbury and its community.

The painting bears witness to the process of gentrification and makes it visible, offering a wider reflection on what is being forsaken.

Leo Holloway

Born 1973 in London

Untitled
2023
Egg tempera on board
58 x 57 x 4 cm

I try my best to get out of the way of myself and not marshal thoughts and ideas, rather to indulge felt necessities and accidents. I have worried that I don't approach with conceptual clarity, and I look at work with certainty in its criteria with some envy. However, with religious iconography as the most basic example, I find that my eyes and thoughts slip from the central concept to the ground, the side, to neutral zones, little landscapes and objects with their opposable rhythms, textures, geometries, spatial intervals, emptinesses, accelerations, indirections and ruptures which provide more interesting energies for me.

'Go first to your old plant and watch carefully the watercourse made by the rain. By now the rain must have carried the seeds far away. Watch the crevices made by the runoff, and from them determine the direction of the flow. Then find the plant that is growing at the farthest point from your plant. All the devil's weed plants that are growing in between are yours.'

Carlos Castaneda, *The Teachings of Don Juan*

Ben Hughes

Born 1967 in Hitchin

They'd had ten years to plan their revenge...
2021
Oil on canvas
122 x 153 x 3 cm

It's not so much about the toys and the story (although it is that too), but what they represent – the dreams of childhood and the eventual and inevitable loss of that innocence. More than this maybe, it's not just about one child but society as a whole and its constant failure to live up to its ideal.

147
GRAND PACIFIC R.R.
147

Reece Jones

Born 1976 in Gaborone, Botswana

Phantom A and Phantom B
2023
Oil on canvas
31 x 41 x 4 cm

I am currently building a body of paintings on paper, board, canvas and panel, ranging from light, layered washes to more focused or laboured arrangements. Many are iterations of specific themes, such as costumed hands reaching into space (a viewer's point of view, the audience complicit). Some riff on a range of found images from film and documentary or from my previous work. They focus on formal relationships and the luminosity of various layers of paint, but also (crucially) on the elasticity of interpretation. They may be rhetorical (text paintings) or iconic, or they may be the origin of something which will eventually slide into interpretive complexity.

I'm cautious about suggesting specific readings and these are by no means narrative paintings, but if there were a subtext it would probably acknowledge anxiety and an apparent weaponisation of fear. Perhaps this is inherent in the conjuring of horror tropes, or it is more cautiously teased out through nervous repetition.

We live in bewildering times. Art can slow us down and even offer focus, but paint's inherent shiver offers the potential for something which defies (or side steps) certainty – which seems germane, as certainty is something we can't claim for today.

Betsey Kilpatrick

Born 1990 in Leicester

Love Vortices
2021
Acrylic pigment on linen
51 x 42 x 4 cm

I see my paintings as visualisations, and a collection of intuitive drives that exist in a state of constant emergence. My paintings contemplate the harmonious dance between emptiness and form. I am particularly interested in the paradox that occurs when artworks simultaneously create sensations of movement and stillness.

The age-old and familial sense of a connection with nature is evoked by my paintings. The slight blurring quality, soft tones and natural colours tend to suggest the presence of water or organic forms. Alongside this naturalistic imagery there is a revelation — the glimpse of a moment-of-being — which is already changing.

Texture is important for my work. I am curious about the synergy between the image and the process, where the painting is entwined within its surface. This reciprocal relationship adds a feeling of wholeness to both my work and practice.

Helen Kincaid

Born 1961 in Altrincham, UK

Stage II
2023
Oil on linen
45 x 39 x 3 cm

My work explores notions of memory, meaning, identity and our fragile anchorage in the world. I am particularly drawn to our relationship to the photographic image, its erosion and fragmentation, and its parallels with painting – the arrangement of pigment, paint and pixel, all constructing a reality that forms an unstable veil over the blank surface beneath.

Drawing on the use of drapery in Renaissance painting as a form of veiling or concealing, *Stage II* is from a series of works based on fragmented and reassembled photographs of curtains. Curtains held particular resonance during Lockdown, indicating a closeted, psychological space and the proximity of the something or nothing lying beyond. I am interested in the urge to see what is absent and to derive meaning from disparate fragments in our attempt to grasp the 'whole'.

Michael Lacey

Born 1985 in Liverpool

I Met A Traveller From An Antique Land
2023
Oil on canvas
51 x 76 x 2 cm

I am motivated by the function of memory, the emotional impact of a work of art, and the intersection of nostalgia with self-mythology, mental health, politics, commodification and wider culture. This currently takes the form of engagement with imagery from eBay depicting items that are evocative of a specific time span of my life, such as branded ashtrays, blank VHS tapes, disused TV idents and ephemera related to formerly-nationalised industries. These works intend to question the value and purpose of painting in an image-saturated world.

British Rail

Dale Lewis

Born 1980 in Essex

Garden Party
2021
Oil on canvas
200 x 170 x 4 cm

My paintings depict the artist's personal experiences, painted from memory. Reflecting on the realities of contemporary urban life, they focus on subjects drawn from my immediate surroundings. The paintings inherit the scale, compositional and narrative structures of canonical art historical painting – Renaissance and religious scenes in particular – with devices of metamorphosis, transcendence, spirituality and sexuality serving as mainstays. These traditions are as much inverted as they are co-opted to suit my ends. Whilst monumental scale was conventionally reserved for fittingly worthy themes, I focus on what I observe around me: social immobility, consumerist excess, binge drinking culture, gang violence, bad diet, class divides, family life and 9–5 jobs.

Angela Lizon

Born 1962 in London

Horseman
2023
Oil on canvas
20 x 15 x 2 cm

This painting, *Horseman,* is a response to, but not representative of, the famous photo of Putin riding topless on a horse and the idea of toxic masculinity that it embodies. The image forms part of a large still life referencing the Apocalypse, a kind of cross between 17th-century Dutch floral art, Bosch and Disney.

Lockdown 2020 gave me time to take an in-depth look at the flora and fauna of the domestic garden, watching the magic and mystery in a hidden mini world. I now grow all the flowers I paint as part of my practice and use the bouquet as a stage or garden for allegorical narratives, using kitsch objects, fairies and animated vegetables to tell a story and hopefully capture something of the enchantment in the undergrowth.

W.K. Lyhne

Born 1976 in Africa

Stabat Mater III / *Pathosformel* – Dec 22 / Jan 23
2023
Oil on linen
160 x 120 x 2 cm

Stabat Mater ('standing/propped mother' in Latin) is a hymn to the Virgin Mary – the music equivalent of the image of the Pietà. *Stabat Mater III* is a collision from the canon of Western art: the stone torso is a draped Hellenistic muse from the pediment of the Temple of Apollo (330 BCE), the lion head and hands from Dalmata's Venetian plaque of Madonna (1380). The scarred coat of the sheep is taken from my research photographs of real ewes. The hands and feet are from a tiny ivory figure of Christ (Bargello, 1350). On the right, Christ's bent arm is from Michelangelo's second *Pietà* in the Duomo Museum, Florence (1550).

The draped torso is a sculpture celebrating Athenian democracy, a system allowing very few to be free and to vote. The Venetian Madonna is two dimensional, beautiful and mute (Mary speaks four times only in the Bible); the ideal woman and mother for millennia. At a time when the domination over every species on Earth has brought us to the edge of extinction, the scream that cannot be heard is a rage, the voice of a feminist Stabat Mater, of all those who have been excluded from the definition of Man – the able-bodied, European Enlightenment male: women, animals, the strange, the sexually and racialised 'other'.

Henry Miller

Born 1973 in Stoke-on-Trent

Fun Boy Three - Tunnel of Love
2023
Oil and enamel on board
30 x 30 x 2 cm

The records I am painting at the moment are selected from my collection for both their formal interest and their personal history. It's a catalogue of obsessions.

I work quickly, trying to capture a sense of fun. Both colour and humour are central to my process.

I also work as an actor and consider the two activities related. Character, motive, improvisation and gesture. I have an intense interest in people, faces, clothes and attitudes.

As I paint, I'm remembering. I would like the viewer to be entertained, surprised, to discover new things and feel a connection. Where they were when they heard that song. The time and place. The familiar bringing them to their past.

Chris Milsom

Born 1954 in Bristol

Mirror Mirror
2022
Oil on electrical components on board
154 x 93 x 7 cm

In our technological present, images scroll continually before us to become a surface of the perpetually new, hiding as much as it reveals. Its virtuality often seems at odds with and preferred to embodied experience, highlighting the separation between our illusionary images and material actuality.

At the same time, we have finally realised that our presumption of an infinitely resilient 'nature' has been a damaging myth, our actions do have physical consequences and instabilities abound.

My work explores the dynamics between these two concerns. Rather than using pristine canvas, I paint on grounds constructed from discarded objects, found by chance in my local environments. Sometimes 'natural' forms are included but most objects are man-made, redundant and damaged. Glimpses of inherent histories and identities of some objects remain in the final work but collectively, their physical structures always contribute towards the painting's emergent form and surface. The ground of *Mirror Mirror* is circuit boards and electronic components. Individual painted marks are records of single moments, actions and decisions but collectively, rather than alluding to the literal body, the marks accumulate over time to become an intersubjective and intercorporeal 'flesh' that reflects a form of what and how we might 'know' now.

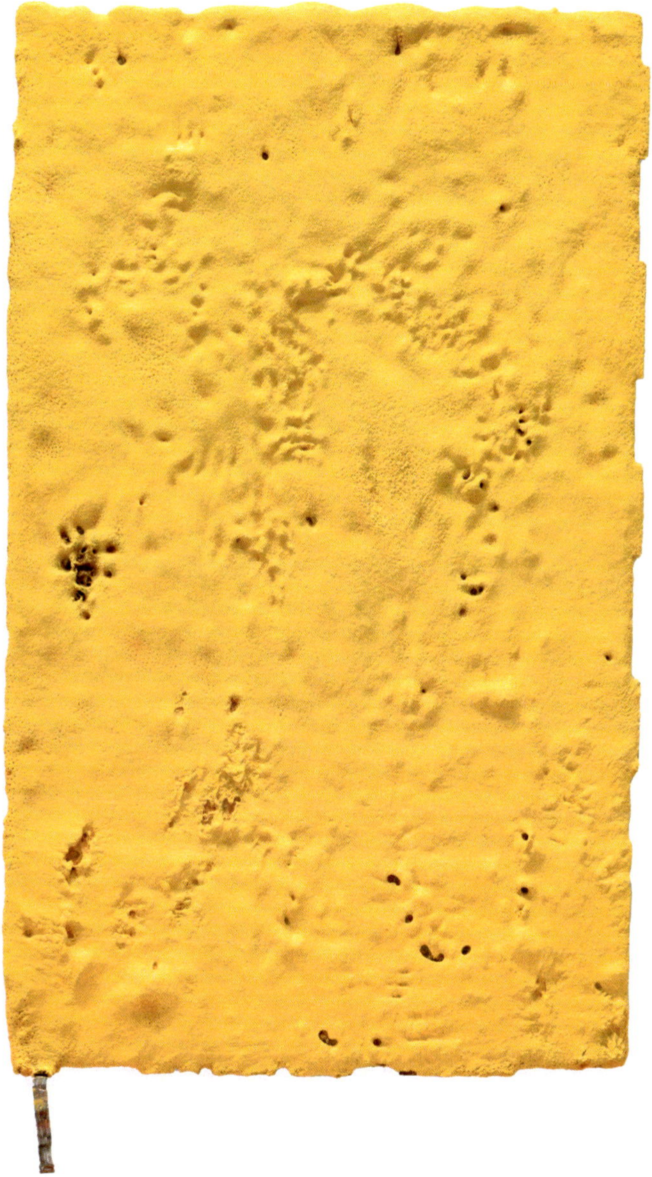

Reuben Murray

Born 1964 in Manchester

Ada
2022
Oil on canvas
224 x 162 x 4 cm

I interrogate representation, class, race and history. I use portraiture to raise ethical and social questions around what it is to be human, providing contemporary spaces that allow Black people the chance to reflect on their hidden histories.

I knew Ada – an African name meaning 'first daughter' – from Manchester in the 1980s. Here she is depicted on her first day as a free Jamaican maroon, descended from enslaved Africans who escaped plantation bondage and established a successful community in the mountainous regions of Jamaica. She is reimagined here as a found ancestor, an African queen who embodies inspiration, resilience and power.

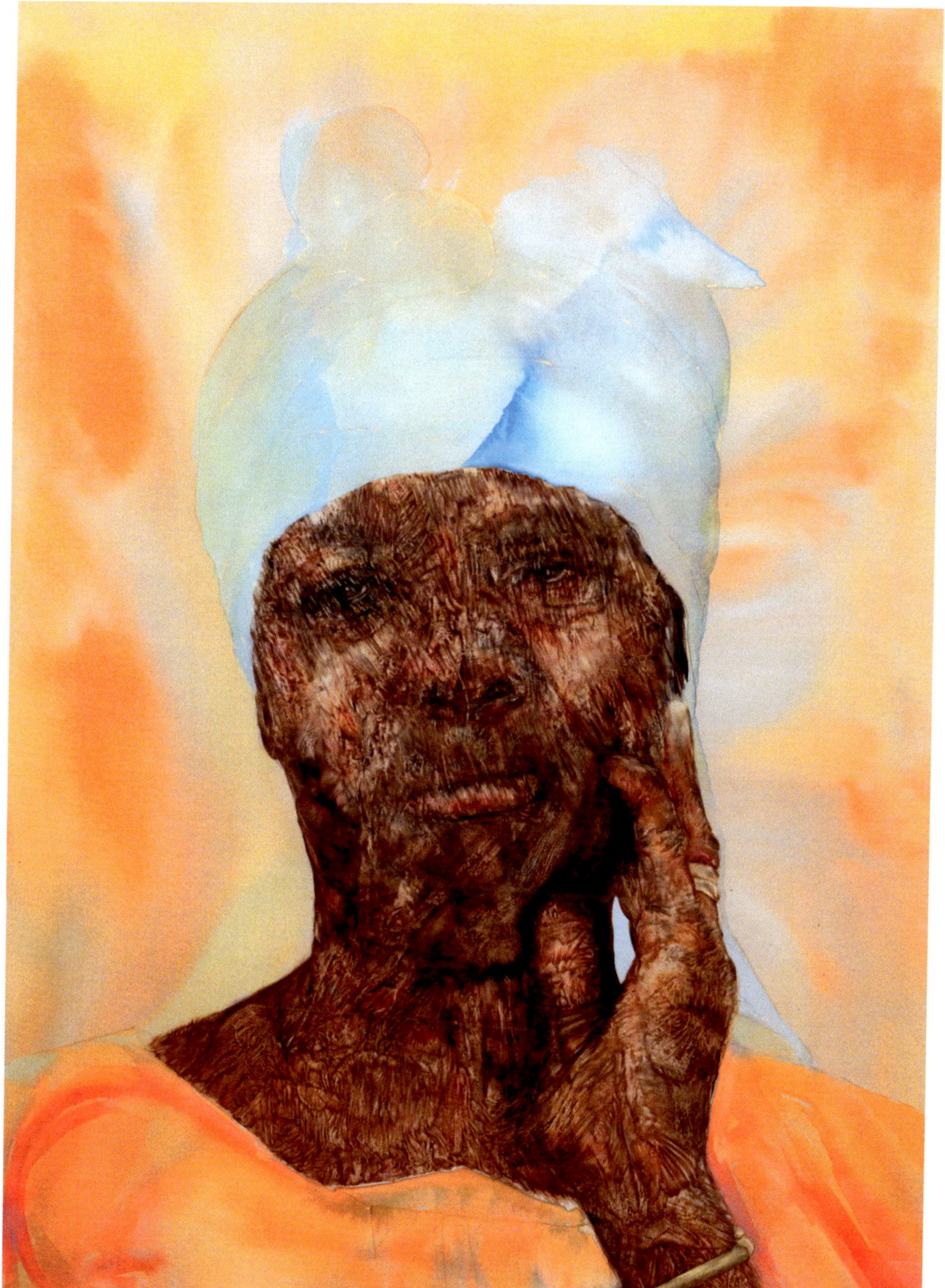

Richard Phoenix

Born 1981

The Ladder (The Choice)
2023
Oil, charcoal and pigment on linen
213 x 122 x 2 cm

In my artistic practice I paint, draw, write, make music and learn about how these things can bring people together. I primarily make figurative work because I have a fascination with people. I use both real and imagined individuals as subjects, but also explore how our interactions with each other can reveal more about how the world is structured. I create work that is bright, fluid and embraces imperfection, mirroring qualities in the world I want to see myself.

I arrived at painting not through formal education but through many years playing in punk bands and working within learning disability arts as creative support for artists and musicians. Both of these experiences influenced the way I approach making work and think about art.

Rhythm is an intrinsic part of my practice, reflecting our own individual internal rhythms through the way I apply paint, use drums as a canvas and have drums within installations to play. I also appreciate the privilege of accessing art, by enjoying creating work unashamedly, but also questioning the structures that exclude many from doing the same. Through experiencing an abundance of joy through work, I seek to capture, record and share this through my painting.

RP

Emma Price

Born 1993 in Carshalton, London

British Values II
2023
Oil on board
20 x 25 x 2 cm

My practice uses painting to contribute to dialogues surrounding work, power and politics. *British Values* is a satirical series exploring British politics and its peculiar relationship with fish.

Since the dawn of modern political campaigning, the chippy has been a mandatory stop on the election circuit. From Thatcher's 1983 sit-down meal in a Harry Ramsden's, to Theresa May cradling a cone of chips during the 2017 election, this is the place to be seen.

The relationship between fish and British politics became overt during the Brexit campaign, as politicians toured fisheries to defend British waters. This campaign produced hundreds of images of Johnson, Gove and Truss amongst others, donning hair nets and clutching glistening fish.

I use the status of the painted portrait to immortalise these photo opportunities – presenting the country's most powerful leaders amongst stainless steel counters, heat lamps, and fluorescent sales signs.

British Values II presents Rishi Sunak celebrating National Fish and Chip Day, his photo-op reproduced with a skewed perspective, as though an aide misframed the moment. The painting mocks the attempt to bond with voters and adds to the historic tradition of Prime Ministers' portraits – this time not as the PM may have commissioned.

NATIONAL FISH &
DAY
FREE PEAS, CURRY. OR
WITH GRAVY
YOUR MEAL
TODAY!

Yin Yung Sabrina Pun

Born 2002 in Hong Kong

Emergency Order Convention 1
2023
Acrylic on paper
79 x 100 cm

Time and reality ends. With the arrival of the Day of Reckoning, WE, the entire human race, have been surrounded to be brought to judgement before the Gods who are deciding our fate. The crime? Our decisions and actions that triggered Armageddon, resulting in the apocalyptic destruction of the universe. Now OUR future is in the hands of the omnipotents, the transcendent entities that reign over all of existence, the flow of time and history: do we earn ourselves a second chance to restart history, rebuild our universe and nature as a paradise that promises peace, tolerance and respect between beings of different species, races and cultures? Or are we doomed to be parasites and thus eradicated, in body, in conscience and in spirit?

Samantha Rebello

Born in Harlow

At the King's Table: The Queen's Habit (Blancmange)
2022
Oil on panel
47 x 39 x 5 cm

My current body of work explores a relationship between art, power and substance through the metaphor of the King's Feast.

The works play with and against 16th/17th-century historical painting, whose fashions, habits, objects and foodstuffs become choice cuts, mingled together, reformed and boiled down to unfold works which together reveal the preparations and dishes for the King's Table.

The layering of paint, the implications of oil pigment, the tonal relations, and the structure of the drawing are the substance of play. They are an attempt to uncover the artifice through which being is framed in each historical moment.

Phil Redford

Born 1943 in Sussex

Exodus
2023
Acrylic on canvas
81 x 183 x 2 cm

I taught printmaking and made prints for many years, but was always primarily a painter and more recently have made artists' books. My work has ranged from abstract (early) to figurative and has sometimes had a strong relationship to music. My first editioned printed books were based on Richard Wagner's music dramas, the *Ring Cycle* and *Tristan and Isolde*. Recent books have been unique, using paint and/or collage and based on Igor Stravinsky works and contemporary dance. Paintings have ranged from landscape to the human figure in movement and/or in an urban setting. Paintings have been made on canvas, canvas board and paper, either using acrylic or at times a combination of acrylic and household paint. My entry for the John Moores Painting Prize may seem to have an unusually political aspect, but for me the drive is humanitarian, simply because I felt moved to make a statement.

Zachariah Riley

Born 1996 in Grimsby

Untitled (Dummies no.3)
2021
Spray paint, wood, canvas, Tom & Jerry patch and heat transfer sticker
153 x 122 x 6 cm

My use of iconography combines past thoughts with new values, using painterly facades in 'Patch Paintings'. I playfully reference cartoons, movies and everyday human consumption in an open and inviting display of collectables and ephemera, combined to contribute humour to the viewer's experience. I am exploring what it means to be both the antagonist and antagonised, as we all experience both the ability to question and be lured in by that which surrounds us.

How can we seek to be intimate and tender when so many blocks, bars and mirages stand in the way?

Francisco Rodriguez

Born 1989 in Chile

The Golden Hour
2023
Oil on canvas
201 x 250 x 4 cm

The Golden Hour is a representation of a closed space just before sunset. At this time, the streets are bathed in warm, golden light as people return to their homes, deserting the buildings they occupied during the day. A black dog intrudes onto the painting, apprehensively pacing the abandoned corridors, expecting to be faced with another soul.

This space is based on memories of my school in my hometown in Santiago, Chile. Perhaps the dog is an intruder in my memories, encroaching upon the sets of my youth. Or am I the shadowy intruder, sneaking into my nostalgic visions of Chile while, at the same time, feeling like an intruder in a country that I have chosen as my new home?

15 Marzo

Stevie Ronnie

Born 1976 in Newcastle–Upon–Tyne

Thirty Hours or so of Being Awake
2022
Fluid acrylic and braille on acid–free tissue paper
120 x 140 x 3 cm

The experience of jet lag in Tokyo becomes braille that I carefully paint by hand in red, according to a measured grid, onto a large sheet of white tissue paper. I crumple it into a tight ball, thinking all the time of my being squeezed by the fog of displacement. I then tease it gently back towards a shrunken approximation of its original shape. This process is repeated until the painting becomes what it wants to be. My youngest daughter helps me with the last iteration of crumpling and I think about how this painting is of me but, like my children, it does not belong to me, despite the role I have played in bringing it into the world. Through some form of haptic trickery, when we look at something we can feel as if we are touching it. Some things make us feel this more than others. So, perhaps this painting can be touched? Or at least, it can provoke a curious sense of synaesthesia that, in turn, triggers the emotional response to fragility or to what it is to feel crumpled and alive.

Michael Samuels

Born 1964 in Liverpool

Big Exit
2022
Reconfigured and reversed used letterpress trays, original label, fingerprints and paint
242 x 112 x 5 cm

My practice can be characterised as a form of contemporary bricolage, which utilises industrially-produced, mid-century furniture, 1960s domestic objects, letterpress trays, ladders and cast concrete; materials that act as strong visual modernist markers. Elements such as cabinets, tables, drawers and sideboards are liberated from their traditional roles, cut up and reconfigured into structures that no longer have a utilitarian purpose, rendering functional objects non-functional. Through their displacement and reconfiguration, any functional reading of the elements is disrupted. The works are constructed with immediacy and little or no planning, infusing the work with a performative energy and tension that draws upon contemporary concepts of collapse, ruin, reforming and recycling. In line with constructivist thinking and trajectories, I am investigating the connected realm of the relief, sculpture and architecture.

Elinor Stanley

Born 1992 in London

Big Babe
2022
Oil on canvas
200 x 180 x 4 cm

I use painting to amplify and heighten experience; the figurative focus of a painting shifts as a confused eye might. The painting configures a weighted, biased gaze, a sense of unsteadiness or vertigo. My work is founded in drawing. I work in series, creating multiple iterations of repeating images. Subjects and ideas circle as they do in the mind, turning over and over.

In this series, colour is at a high frequency pitch, huge heads swim, perspective lurches. Awake, attentive figures regard vast, recumbent and unaware bodies. The viewer is with the figures, gazing onto that which draws attention but is unaware.

These paintings are big, emotional reclining nudes, and I am interested in pursuing and playing with the embarrassment surrounding this genre.

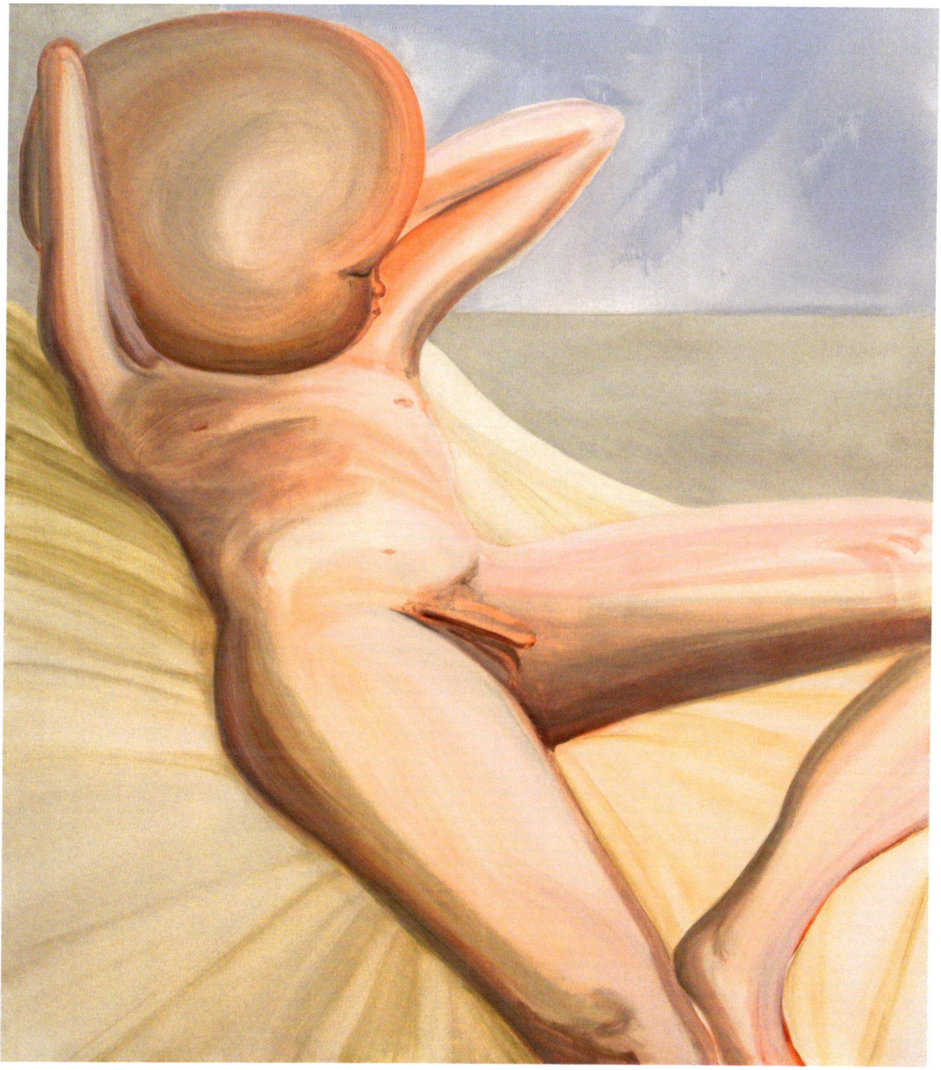

Amy Steel

Born in Mansfield, UK

Because I Know So Little I Grope For More
2022
Oil on canvas
150 x 200 x 4 cm

I am an inter-disciplinary artist, working across painting and performance. I create expansive, sensual environments to consider issues such as female sexuality, ecopolitics and the natural world, and our interconnectedness to the non-human.

In this ungraspable moment, when our world is more uncertain than ever, I try to imagine environments where animals and humans exist with no hierarchies, and relate to each other through a sensual perception rather than with narratives of domination and control. I frame sensuality as being the connective tissue that binds all things.

I am interested in imagining what future worlds could look like if we looked to animals for new ways of learning and being. In my paintings, women share moments of intimacy and desire with animals; autonomous breasts float in worlds overcome by water.

The breast is an important symbol in my work. I envision the breast as acting autonomously, freed from a specific, socialised human body. Instead they are part of a wider body and ecosystem – the collective body of water.

My work brings into focus nature as a place of transformation, acting as a catalyst for us to surrender and channel its potent energies.

Alan Stewart

Born 1970 in Glasgow

I Hear Them Coming
2021
Oil on canvas
130 x 150 x 4 cm

My work is about belonging, particularly what it is to have a strong sense of belonging. I explore how rural communities uphold and celebrate their way of life through local traditions and customs. This is particularly visible in the West Country during annual events where you can see the people at their most united and fascinating. Using extraordinary costumes, icons and rituals they create an incredible spectacle.

The people I paint are the participants of these festivals; local people who maintain the legacy they have inherited and embraced for generations. As an observer I have seen how they identify within their own community. Through family resemblance, costume and music they have a combined understanding of each other and the parts they play. I adopted the pale blue face and dark costume to identify the subjects of my paintings as part of the procession they belong to. The title suggests their thoughts about what they can see, hear and feel on that day.

Mimei Thompson

Born 1972 in Tokyo, Japan

Weeds at the End of the World (Ultramarine, Magenta)
2022
Oil on canvas
90 x 120 x 3 cm

I consider my work to be both process based and representational, with paint marks functioning descriptively, whilst at the same time their physicality, as pure paint and as trace of gesture, remains dominant.

The world in the paintings has a sense of fluidity, and a suggestion that matter is temporarily taking on certain forms, but these can be slippery, transient and mutable. There is an association with animism, where everything is alive and sentient. Contained in the work, for me, is always a search for origins and beginnings. There is a longing for rootedness, but fundamentally this remains elusive.

Weeds at the End of the World is part of an ongoing series, originally inspired by plant life in vacant lots near my studio. Here there is a suggestion of a post-apocalyptic landscape, and what has survived are lowly but hardy plant beings, symbolic of resistance, resilience and potential, showing us how it is possible to regenerate and proliferate after collapse.

Emma Tod

Born in Liverpool

Ludic
2022
Oil on linen
32 x 27 x 4 cm

My work explores the remediation of paint in a period of digital image circulation, with its accelerating speeds of transmission and shared attention deficit. Works negotiate this shift through stillness and ambiguity. Peripheral events, fleeting moments, and chance encounters are brought to the centre creating new imaginary territories. Visual fragments taken from the internet, TV, and art history are playfully recombined and erased. Zones of exclusion are brought to the fore, challenging the primacy of centre over periphery. Exclusion matters.

Layers of transparent glazes are built to create a shallow depth of field that replicates the luminosity of the screen. Here, figurative and non-figurative elements meet, collide, and are altered by each other. Fluctuating areas of colour and bodies of paint are expanded and foregrounded. Ambiguity invites us to speculate, to create meaning playfully, offering a counterpoint to the directed and surveilled nature of our digital lives.

Night walks are an important part of my practice, not only challenging what can be seen, but who should be seen, where, for what reason? Walking at night can be a way of disappearing, and of simultaneously becoming hypervisible. Night walking can be a challenge to paternalist orthodoxy. So too can painting.

Covadonga Valdes

Born 1966 in Spain

Homeland 8
2023
Oil on panel
50 x 60 x 4 cm

Over time my work has developed along a diverse series of paintings within the theme of landscape; their subject matter has tended to revolve around various narratives and ideas about identity and migration. This painting is the last of the series of paintings and drawings I have been working on over the last ten years under the title *Homeland*.

On the surface this work seems to draw our attention to topography and to how the clarity of the image is achieved through a painting process that simplifies its elements to reach the essence of the painting. Yet there are two different perspectives here that might suggest meaning at a deeper level and which come from how the detailed horizontal image of the ground is juxtaposed with the vertical reflection of the tree branches. The branches penetrate the image as if they are hidden roots somewhere beneath the ground.

Jack Vickridge

Born 1984 in Singapore

Untitled
2022
Concrete and pigment
22 x 23 x 2 cm

This piece was started in the summer of 2020 and completed in December 2022. Within that time the work went through several versions of itself, each one broken to separate a solid object into fragments. These pieces were then reordered, some parts removed, and new shapes added.

I'm exploring the meeting point in painting, between the surface (the visualised image) and the support (the material form). Images tend to float on the surfaces of materials around us, with the aim of moving our attention away from the substance of things.

What if the surface of a painting could be the result of its entire material structure, uniting the surface and the support? Could the image formed in the mind of the viewer get close to the tactile, physical reality of the object?

Lorna May Wadsworth

Born 1979 in Sheffield

A Salvator Mundi
2023
Oil, beeswax and 24 carat gold on prehistoric bog oak
59 x 44 x 8 cm

I'm a feminist figurative painter who makes work in dialogue with art history that engages with the present day. My debut show in London was entitled *Beautiful Boys* and sought to challenge the male gaze that saturates the canon, inverting the trope of the dynamic male artist and passive female muse. I've had a male muse, whom I paint and draw regularly, for over a decade.

In many ways I am an iconographer – both of the sacred and the profane. I painted recent historic figures Margaret Thatcher and Dr Rowan Williams from live portrait sittings, and created an interpretation of *The Last Supper* as a twelve foot-wide altarpiece. A print of this was recently installed in St Alban's Cathedral and the charcoal cartoon was installed in Sheffield Cathedral to coincide with my retrospective GAZE at Graves Gallery, Sheffield Museums Trust in 2019.

In my work with author Neil Gaiman I adapted the ancient technique of encaustic painting by capturing oil paint within layers of sun-bleached beeswax upon a support of prehistoric bog oak, seeking to combine the Fayum mummy portrait with Rembrandt-style glazes coming from the dark. It is this process I used to create *A Salvator Mundi*.

Julian Wakelin

Born 1968 in Windlesham, Surrey

LBGE – TBGE
2023
Acrylic on two canvases
170 x 65 x 3 cm

I make paintings in an open-ended way, working on numerous canvases at the same time. These I refer to as painted elements. I constantly combine, arrange and rearrange these elements together in the studio. Working in a continual state of flux, elements made at different times are juxtaposed, swapped in and out, reworked, reappraised and reconfigured.

Engaging in a kind of formal game, I try things out, feeling the push and pull between different colours, forms and painted surfaces until a certain combination resonates. I want to be taken by surprise – there is no formula for when this point might be achieved. The process dictates the outcome – I recognise the outcome when I see it.

The title of this painting is an acronym for LAMP BLACK GREY ELEMENT – TURQUOISE BLUE GREY ELEMENT – an indicator of the component part status of the individual panels within the work. The left-hand panel had been set aside for many months, and I had come back to it several times, gradually adding new layers. Conversely, the right-hand panel was made in a single day in three concise moves; adding paint, removing it, adding again. Putting the two panels together completed the painting.

Casper White

Born 1981 in Maesteg, Wales

Saint Michael the Archangel filmed at the Met with a pleated kilt
2022
Oil on canvas with brass candle holder and candles
300 x 170 x 25 cm

This portrait comes from the detritus of a phone gallery – I was thinking of how inconsequential things can become significant when re-examined. I amassed images, from museum visits to nights out, screengrabs of fashion shows, memes, Instagram stories, and TikToks, turning them into portraits. In this work, the faces came from a terracotta sculpture of Saint Michael the Archangel. I had visited the Metropolitan Museum of Fine Art (New York) and fleetingly filmed it; it didn't carry any marks from its fall from the gallery's walls in 2008. I wanted to understand why I was drawn to the faces. I had been thinking of navigating the piece by candlelight, thinking of glazes, veils, folds, and disturbances. A pleated kilt by the trans non-binary artist Aria Puga felt like the correct pattern to give me a rhythm to question the surface and make me look at, on and through the painting. Adding the candles articulates this: it makes us question our time, light and environment. How do I see the work past the candles? Lit or unlit, they make the viewer move, our heads navigate, looking up, around, on and through the work, creating a question of how we approach looking at paintings and/or faces.

John Whitehill

Born 1950 in Liverpool

Island Sanctuary
2023
Oil on canvas
61 x 76 x 4 cm

The subject of my work is the built environment as I observe, remember, imagine, dream or invent it. *Island Sanctuary* is the first of an ongoing series of paintings exploring sanctuary as a place of retreat, escape, isolation, separation or hiding.

My working process is to construct a tabletop diorama using cardboard, tape, glue, paint, twigs, foam and small stones. The structure is then staged as a still life using drapes and lighting, ready to be photographed. I then create the painting, working from the photographs together with direct observation.

Joanna Whittle

Born 1974 in Lusaka, Zambia

Forest Shrine (Witness)
2023
Oil on copper
30 x 21 x 2 cm

The *Forest Shrine* paintings explore the landscape as a site of accumulation, of both the visible and the unseen. The paintings depict makeshift structures, emerging from dark pines, pulling themselves up from the forest floor, made of the forest itself and of the prickling minute inflections of paint. They brood, impossibly lit, becoming accretions of both the ritual of their imagined construction and the ritual of laying down the weight of paint. Landscape elements become protagonists; the transgressive secrecy of the forest hushed by the layered silence of snow where the viewer becomes an uneasy trespasser. Moving towards light, moving towards darkness.

In *Forest Shrine (Witness)* a figure glimpsed in a photograph becomes a protagonist too, but one which turns their back on us. A sentinel, who moves through time, unknown but knowing, as the landscape itself does. An ancient presence accumulated, destroyed and reaccumulated, holding each memory in pine needles or invisible crystals of ice.

The paint is laid down on copper in an act of concealment, only glimpsed as light between trees where surface and materiality flicker. The paintings speak of loss, of ourselves, of the landscape, of being here and of being gone.

Suzy Willey

Born 1961 in London

Just like that!...there!
2023
Oil on canvas
40 x 50 x 3 cm

I have been working from cartoons since I finished my MA at Goldsmiths in the 80s. I am interested in the confusion/contradiction that happens when we see very humorous (well-known) imagery re-presented as fine art. The image already brings with it layers and layers of meaning. The image I choose often has something fairly ridiculous happening in it, and this is juxtaposed with the quite traditional language of painting, thick oil paint and thick brush strokes that emphasise the materiality of the paint. On top of the image is a pattern of some kind that makes sure that there can be no one reading of the work and that there is no hierarchy of image over material or vice versa.

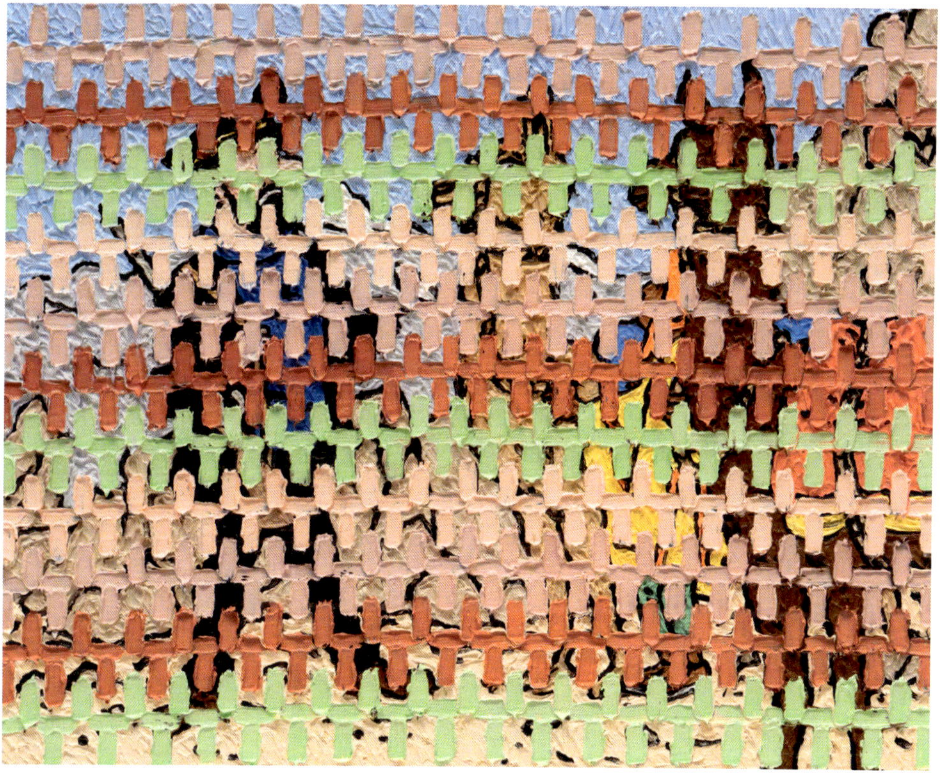

Reed Wilson

Born 1960 in New York, USA

Book Stack
2022
Acrylic on cradled board
51 x 25 x 2 cm

I am a still life painter of domestic objects. I usually paint something that catches my eye; the pattern on a plastic water bottle or the folds of a handkerchief. Once I decide what to paint I'll take it to my studio, arrange and light it in isolation, as if it were an artefact in a museum.

Initially, I'm drawn to the pattern of an object, but then something about it might remind me of a Baroque or Renaissance painting, and I'll hang a gingham tea towel in a similar manner to El Greco's *The Veil of Saint Veronica*. Or a container of toothpicks which I was first attracted to by the refraction of their lines through plastic then reminds me of Bellini's *Madonna and Child*. It's a way of connecting to earlier works.

Book Stack is slightly different. I decided to paint a pile of Edwardian 'pocket' Shakespeare plays, as I liked their symmetry. Once they were arranged and lit, the meaning changed and the light illuminating the books' gilt edges reminded me of sunlight bouncing off the windows of a tower block at dusk.

John Wood and Paul Harrison

John Wood was born in 1969 in Kowloon, Hong Kong.
Paul Harrison was born in Wolverhampton in 1966.

Not a Painting Kind of Painting
2022
Oil on plywood panel
91 x 61 x 5 cm

The artists make things that move and things that don't, things that are flat and things that are not, things that are mildly amusing and things that are definitely not.

They make works that form a kind of reference manual for how to do, make, build or draw things that you probably never want to do, make, build or draw. They do it for you. Even though you don't need them to.

This attempt to compile an encyclopaedia of the largely useless started in 1993 after they met at art college.

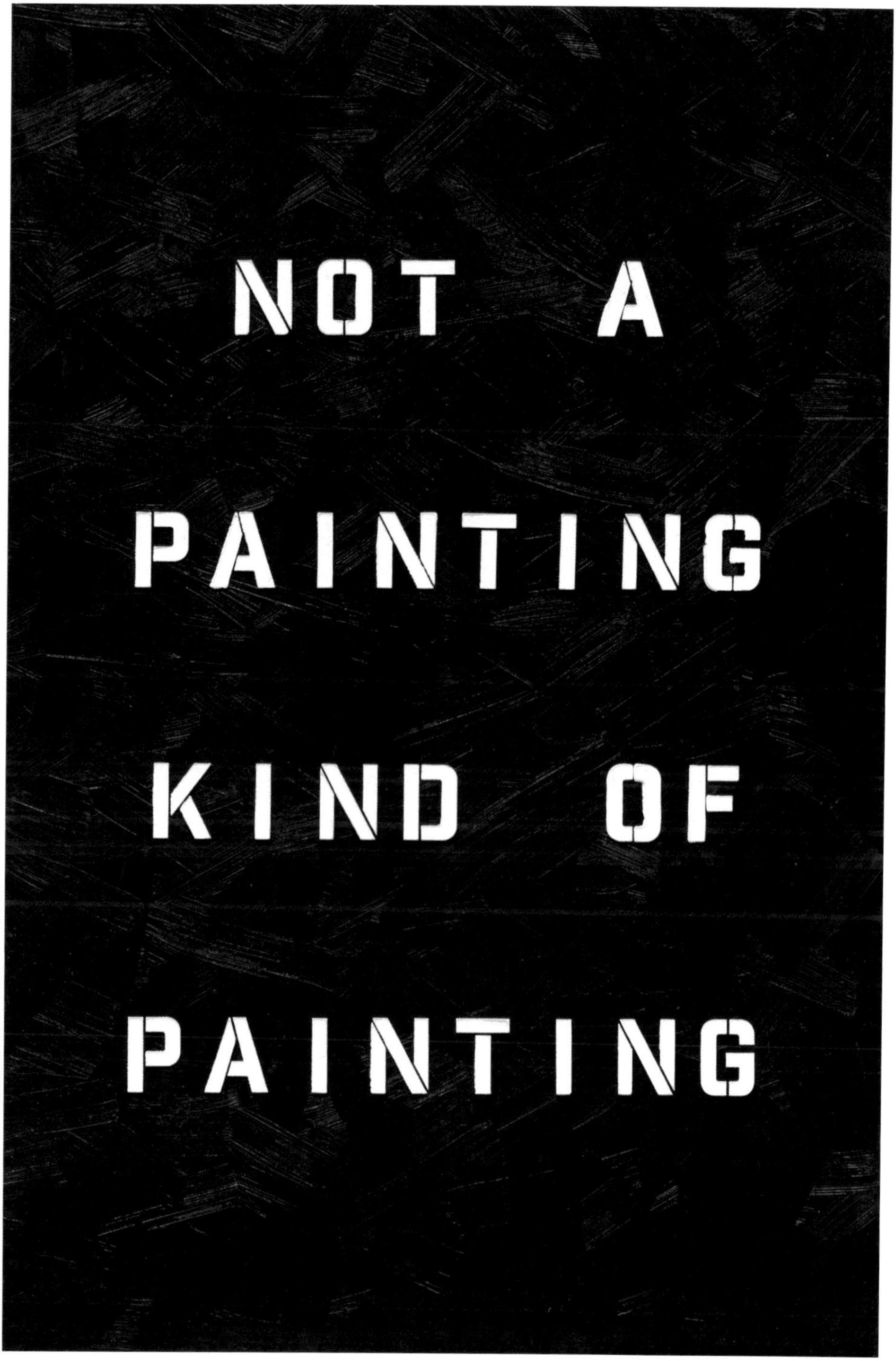
NOT A
PAINTING
KIND OF
PAINTING

Tom Woolner

Born 1979 in London

Internal Weather (Idyll)
2023
Acrylic resin and pigment
86 x 65 x 4 cm

My work has shifted greatly in recent years, moving from sculptural installations and performances, made for particular contexts, towards a practice rooted in experimental painting techniques.

This new body of work, made through an intuitive and playful process of pouring, piping and squidging, akin to cookery or slightly shambolic amateur cake decorating, allows the materials to take control at a molecular level, compressing and co-mingling into, rather than onto, the surface. Made in reverse and semi-blind using syringes and piping bags, semi-viscous liquids slowly or rapidly congeal with pigments to agree upon a form that sits somewhere between painting, object and fresco.

I have recently been pushing the spatial compositions and layering in the work, producing images that feel strangely ancient, surfaces stained as if excavated or revealed in a slice of agate, hanging away from the wall like tablets. Loosely bracketed under the title *Internal Weather*, they open portals into and out of the body, imagining an alternative anatomy and corporeal meteorology, in which a cast of organs and bodily forms have been set adrift.

John Moores Painting Prize China 2022

第七届约翰·莫尔绘画奖（中国）作品展

The jury

Liu Ye
Artist

Rosalind Nashashibi
Artist

Daniel Sturgis
Artist and Professor of Painting

Tan Ping
Artist and educator

Clare Woods
Artist

第七届约翰·莫尔绘画奖（中国）作品展

John Moores Painting Prize China 2022

Powerlong Museum, Shanghai: 6 April – 6 May 2023

TAG Art Museum, Qingdao: 20 May – 6 August 2023

| Hosts |

John Moores Painting Prize

POWERLONG MUSEUM 宝龙美术馆

TAG ART MUSEUM 西海美术馆

| Sponsors |

CANSON MANUFACTURE DEPUIS 1557

Friends

ART ZHOU®

| Co-organisers |

LIVERPOOL JOHN MOORES UNIVERSITY

BRITISH COUNCIL

Walker Art Gallery

Preface

By Trustees of John Moores Painting Prize Trust

Professor Ling Min and Lewis Biggs (also Chair of the China Prize jury 2022)

This is the seventh John Moores Painting Prize since the competition was established in China in 2010. This continuity is already a sign of considerable success, and the maintenance of this trajectory, despite the difficulties posed by the pandemic, is a further sign of its achievement. This success must be put down to a focus on a simple and clear ambition: the search for quality in the painting practice of today, and the wide promotion and celebration of the artists whose work is 'discovered' by the judges. It answers a real need in the cultural landscape of China, becoming one of the nation's best-regarded competitions for artists.

Alongside the need to discover previously unrecognised talent is the creation of a critical discourse around painting, to encourage self-reflection and development among artists and everyone who likes to look at paintings. Additionally, prize winners receive recognition and active support that greatly benefits their reception both critically and in the market.

What does 'the quality of the painting' mean, in this case? It means that the selected paintings caught and held the attention of our judges, people who spend all their lives looking at paintings old and new, good and bad. Our judges felt that these paintings provided cultural richness that would continue to nourish them each time they look at them. Our sincere thanks go to the jury for their great care in looking at all the submissions, and then for the sensitivity, fairness, and depth of their discussions about each painting. These discussions — and their results – are at the heart of the practice of painting and its international development as an art form.

Thanks also go to our fellow director of the Double Pool Company, Ding Yi, for his care, responsibility and generosity. Double Pool will anchor a self-sustaining operational framework for John Moores Painting Prize China in years to come.

2022 was difficult and unusual, but we achieved a lot. Due to the pandemic, we were not able to travel widely to promote the Prize, and the call for submissions was primarily done online. However, a total of 1,702 artworks were submitted from what seem to be more mature, confident, and serious artists. As usual the competition has been successful in receiving submissions of paintings of every current style and content, and from the most highly educated to the self-taught artist. There are no patterns, contextual threads or 'national characteristics' to be found here — there is instead a true variety, reflecting the enormous diversity of imagination and expression of the residents of China. As one juror put it, "The works submitted by this edition's artists are rich in content and diverse in expression; there were many highlights."

Art is a social activity — the crafted and conceptualised object becomes art only when accepted into the social discourse of culture. The social aspect is also reflected in our recently initiated circle of Friends of John Moores Painting Prize China - individuals who recognise the significance of the competition and support it, either in services or through financial donation. We offer our great thanks on behalf of the JMPP Trust to each of them. We have also worked hard and consistently to encourage the John Moores prize winning 'alumni' to create fruitful co-operations and friendships across artistic, educational and museum contexts. All of this has enriched the collective understanding of the social environment for painting in China and facilitated further opportunities for artists, curators and critics.

Prize winners

(in alphabetical order)

Chen Jiabin 陈加斌

Jin Dawei 金大伟

Nie Li 聂力

Peng Yong 彭勇

You Xin 由鑫

Chen Jiabin

陈加斌

Lisa
2022
Oil on canvas
50 x 50 cm

I painted a female friend from life. While pursuing quality and order in my painting language, I painted her how I see her: sincere and assured.

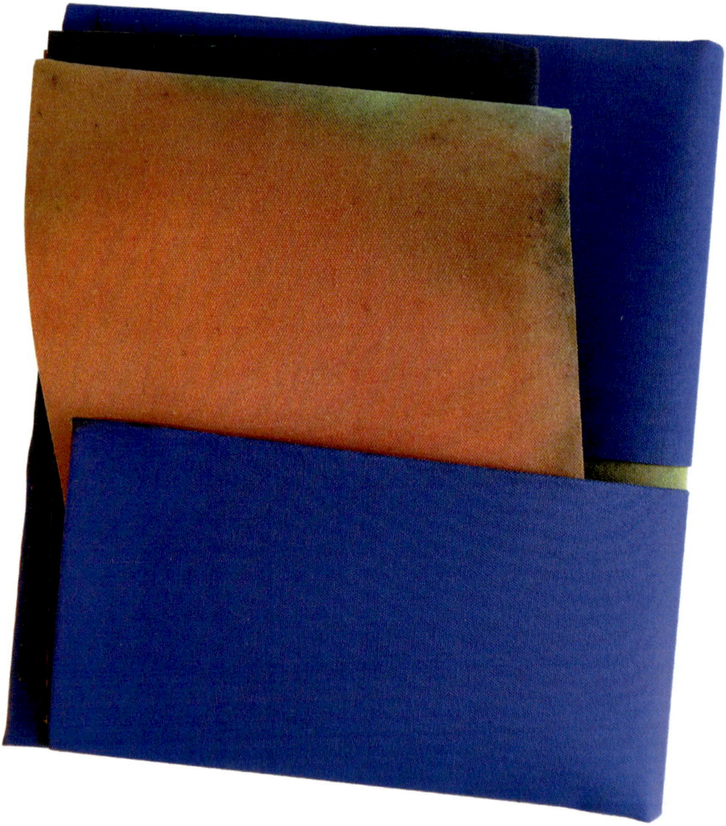

Jin Dawei
金大伟

Untitled F220823
2022
Acrylic on canvas and metal buckle
45 x 48 cm

In this work, acrylic paint and abstract methods unfold on the canvas. Paint permeates the back of the canvas through the tip of the brush until it fills the entire space. The back and front of the canvas are entirely different yet still influenced by one another. Next, I take it out of the frame to fold and remake it. With this work, I hope to discuss issues of time and space.

Nie Li
聂力

The Wall
2022
Oil on linen
150 x 300 cm

Humans first built walls for refuge. I am not sure when it happened, but walls eventually became ways of keeping people apart. Tangible walls will collapse, and we must urgently restore the initial function of the walls in our hearts: refuge, rather than isolation.

Peng Yong
彭勇

3000 Realms in a Single Moment of Life No.86
2022
PVC board and acrylic
198 x 120 cm

In my *Metropolis* series of prints and my *3000 Realms in a Single Moment* acrylic paintings, I started to use simple brushstrokes, restrained colours, and an obsessive, repetitive painting language to express my emotions and thoughts about painting. For me, creation is like meditation, and this transformation strengthens my experience of the creative process. The work slowly returns to itself after a period of outward exploration. When painting is no longer constrained by form and colour, I experience a purer joy.

You Xin
由鑫

Silence
2022
Aluminium plate, pigment, water-based media and 3M paper tape
137 x 220 cm

When you look at a painting, you are perceiving that painting, and every person perceives things differently. When your viewing angle shifts from frontal to oblique, the relationships between the colours change and become less clear. The expectations you have of looking at a painting have been disrupted, and the materiality of the paint compels you to reflect on the act of looking.

John Moores Painting Prize previous winners

1957	**Jack Smith**	Creation and Crucifixion
1959	**Patrick Heron**	Black Painting — Red, Brown, Olive: July 1959*
1961	**Henry Mundy**	Cluster*
1963	**Roger Hilton**	March 1963
1965	**Michael Tyzack**	Alesso B
1967	**David Hockney**	Peter Getting Out of Nick's Pool 1966
1969	(joint winners)	
	Mary Martin	Cross
	Richard Hamilton	Toaster*
1972	**Euan Uglow**	Nude, 12 Regular Vertical Positions From The Eye*
1974	**Myles Murphy**	Figure Against a Yellow Foreground*
1976	**John Walker**	"Juggernaut with Plume – for P. Neruda"*
1978	**Noel Forster**	A Painting in Six Stages with a Silk Triangle
1980	**Mick Moon**	Box Room
1982	**John Hoyland**	Broken Bride
1985	**Bruce McLean**	Oriental Garden, Kyoto
1987	**Tim Head**	Cow Mutations

1989	**Lisa Milroy**	Handles
1991	**Andrzej Jackowski**	Beekeeper's Son
1993	**Peter Doig**	Blotter
1995	**David Leapman**	Double Tongued Knowability
1997	**Dan Hays**	Harmony in Green
1999	**Michael Raedecker**	Mirage
2002	**Peter Davies**	Super Star Fucker
2004	**Alexis Harding**	Slump/Fear (orange/black)
2006	**Martin Greenland**	Before Vermeer's Clouds
2008	**Peter McDonald**	Fontana
2010	**Keith Coventry**	Spectrum Jesus, 2009
2012	**Sarah Pickstone**	Stevie Smith and the Willow
2014	**Rose Wylie**	PV Windows and Floorboards
2016	**Michael Simpson**	Squint (19)
2018	**Jacqui Hallam**	King and Queen of Wands
2020	**Kathryn Maple**	The Common

Unless marked * these artworks are now part of the Walker Art Gallery's collection

This catalogue accompanies the
John Moores Painting Prize 2023
16 September 2023 – 25 February 2024
Walker Art Gallery
William Brown Street
Liverpool L3 8EL

liverpoolmuseums.org.uk/johnmoores
Twitter/X: @jmpaintingprize
Facebook: johnmoorespaintingprize
Instagram: @jmpaintingprize

Catalogue compiler/editor: Karen Miller
Designer: Lee Kenyon
Photographer: Harry Meadley
Project Manager, John Moores Painting Prize 2023: Katherine Lloyd

ISBN: 9781902700656

In partnership with

John Moores Painting Prize Trust
Estd 1957

Hotel partner: Radisson RED

Visitors' Choice Prize Sponsor

RATHBONES

Lady Grantchester Prize Sponsor

WINSOR & NEWTON™